Y0-CCJ-505

Ponti

Italiano terzo millennio

Workbook / Lab Manual

Ponti

Italiano terzo millennio

Tognozzi
Cavatorta

Workbook / Lab Manual

Elissa Tognozzi
University of California, Los Angeles

Giuseppe Cavatorta
Dartmouth College

Anna Minardi
Dartmouth College

Houghton Mifflin Company   Boston   New York

Publisher: Rolando Hernández
Sponsoring Editor: Van Strength
Development Manager: Sharla Zwirek
Senior Development Editor: Sandra Guadano
Editorial Assistant: Erin Kern
Project Editor: Harriet C. Dishman / Anastasia K. Schulze
Manufacturing Manager: Florence Cadran
Senior Marketing Manager: Tina Crowley Desprez
Associate Marketing Manager: Claudia Martínez

ILLUSTRATIONS

All illustrations by Bob Walker.

Copyright © 2004 by Houghton Mifflin Company. All rights reserved.

No part of this work may be reproduced or transmitted in any form or by any means, electronic or mechanical, including photocopying and recording, or by any information storage or retrieval system without the prior written permission of Houghton Mifflin Company unless such copying is expressly permitted by federal copyright law. Address inquiries to College Permissions, Houghton Mifflin Company, 222 Berkeley Street, Boston, MA 02116-3764.

Printed in the U.S.A.

ISBN: 0-618-05238-0

1 2 3 4 5 6 7 8 9 – B – 07 06 05 04 03

Contents

To the Student   vii

Workbook

Capitolo 1 3

Capitolo 2 15

Capitolo 3 27

Capitolo 4 37

Capitolo 5 47

Capitolo 6 57

Capitolo 7 65

Capitolo 8 75

Capitolo 9 83

Capitolo 10 93

Capitolo 11 103

Capitolo 12 113

Lab Manual

Capitolo 1 125

Capitolo 2 129

Capitolo 3 133

Capitolo 4 137

Capitolo 5 141

Capitolo 6 147

Capitolo 7 153

Capitolo 8 159

Capitolo 9 163

Capitolo 10 167

Capitolo 11 171

Capitolo 12 177

To the Student

This *Workbook/Lab Manual* is an important component of the *Ponti: Italiano terzo millennio* program. Its purpose is to reinforce the structures and vocabulary presented in the text and to provide guided practice in the reading, writing, listening, and speaking skills you need to communicate in Italian.

The Workbook

The Workbook activities are varied and engaging. They range in type from structured true/false, fill-in-the-blank, sentence-completion, transformation, and matching exercises to more open-ended questions and illustration-based activities.

Each unit of the Workbook consists of two sections, **Lessico.edu** and **Grammatica & Co.** Both draw on the content of the corresponding sections in the textbook. The **Lessico** activities put to use the theme-based vocabulary presented in each chapter. In the **Grammatica** activities, you will use the grammar structures presented in the chapter.

Answers to the Workbook activities appear in a separate *Workbook Answer Key*, which may be packaged with the *Workbook/Lab Manual* at the discretion of your institution.

Some tips for using the Workbook:

- Do the activities with your textbook closed.

- Check your answers promptly against the Answer Key (if available).

- When you answer incorrectly, first review the items you got wrong and try to pinpoint whether you simply forgot a word or a form or misunderstood a concept. Then review the corresponding section in the textbook. Make notes to use as a study guide for quizzes and tests.

The Lab Manual and Audio CD Program

The activities in the Lab Manual are linked to the Audio CD Program for *Ponti: Italiano terzo millennio.* These components aim to improve your pronunciation by means of practice, repetition, and illustration of differences between Italian and English sounds. Regular use of the Lab Manual and CD will also enhance your listening-comprehension skills by giving you exposure to authentic Italian as spoken by a range of native Italians.

Using the Lab Manual and CD will also enhance your abilities to respond quickly to oral cues in Italian, to write what you hear accurately, and to apply the rules of spelling in Italian.

Like the Workbook, the CD and Lab Manual focus on the vocabulary and structures presented in the corresponding chapters of the text. Each unit of the audio program begins with exercises on a particular sound or combination of letters, or on such distinctive features of Italian as double consonants and accent marks. The goal of these exercises is to strengthen the association in your mind between the written word and the sounds of spoken Italian.

Some tips for using the Lab Manual and CD:

- The directions for completing activities are more complex and varied than in first-year language programs. Read the printed directions and skim the content of each activity before you listen to the audio. Then listen to the spoken direction line more than once.

- When an exercise asks you to repeat words or phrases, make an effort to imitate the speaker's pronunciation, intonation, and inflection as closely as you can. Then replay the audio and talk simultaneously with the speaker, trying to duplicate the speaker's speech patterns.

- Don't expect to grasp and complete the activity in one listening. Replay the CD as many times as you need to.

- When you are asked to restate or write sentences, first take notes as you listen and then pause or stop the CD to write.

- As in the Workbook, pay attention to the items that cause you trouble and try to pinpoint whether you just need more practice or should review the corresponding section of the textbook. Make notes to use as a study guide for quizzes and tests.

Workbook

C A P I T O L O **1**

Italamerica?

LESSICO.EDU

A. Definizioni. Abbina la parola nella colonna di sinistra con la definizione nella colonna di destra.

1. _____ doppiaggio
2. _____ concorrenza
3. _____ appropriarsi
4. _____ a posto
5. _____ influsso
6. _____ scambio
7. _____ meeting
8. _____ boom
9. _____ club
10. _____ weekend

a. periodo di intensa crescita

b. azione di dare una cosa e riceverne un'altra

c. luogo d'incontro tra soci

d. operazione per presentare un film in una lingua diversa da quella originale

e. fare proprio

f. un incontro per discutere e lavorare

g. azione o potere su qualcuno o qualcosa

h. ultimi due giorni della settimana

i. gara fra persone aspiranti alla stessa cosa

j. tutto in ordine

B. Al bar. Giovanni e Elisa decidono di andare al bar. Metti in ordine le loro azioni usando le lettere da **a** ad **i**.

a. _____ Lasciano una mancia.

b. _____ Ordinano un caffè e una pasta.

c. _____ Escono dal bar.

d. _____ Decidono di andare al bar.

e. _____ Guardano le paste.

f. _____ Vanno verso la cassa.

g. _____ Bevono il caffè.

h. _____ Prendono lo scontrino.

i. _____ Entrano nel bar.

Copyright © Houghton Mifflin Company. All rights reserved.

3

C. Le città urbane. Fa' una lista delle caratteristiche culturali che ti aspetteresti di trovare a Roma o a Los Angeles. Pensa alle persone, ai palazzi, al modo di vivere o alla vita notturna.

ESEMPIO: Roma   Los Angeles
fontane vecchie   case cinematografiche

Roma

1. _____
2. _____
3. _____
4. _____
5. _____

Los Angeles

1. _____
2. _____
3. _____
4. _____
5. _____

D. Graffiti. In molti paesi la parola **graffiti** è usata per descrivere il lavoro degli artisti delle bombolette spray. Spesso, però, il linguaggio associato con i graffiti è l'inglese. Leggi il seguente brano e cerca di indovinare il significato delle parole in corsivo. Poi scrivi le tue definizioni.

I GRAFFITISTI

In molti paesi del mondo, i *writers* dello spray dicono di volersi esprimere e di aggiungere colore ai monumenti grigi, ai muri ed ai mezzi di trasporto. È il loro commento a una società a cui appartengono ma in cui si sentono frustrati. Un *piece* può essere un'autoaffermazione e un'espressione artistica. C'è spesso una grande competizione tra un *crew* e un altro e per questo il *tag* diventa importante. Il tag è spesso realizzato con lettere stilizzate in colori vari. Hanno pure *tag toolz* per rifinire i contorni. Ci sono anche pericoli associati con i graffiti sopratutto i *throw up*.

---

1. writers _____
2. piece _____
3. crew _____
4. tag _____
5. tag toolz _____
6. throw up _____

Copyright © Houghton Mifflin Company. All rights reserved.

E. Mini-conversazioni. Completa le seguenti mini-conversazioni usando la parola corretta.

boom	computer	facciamo concorrenza	film	Internet	slogan
caffè	doppiaggio	fare le spese	high-tech	meeting	test
club	email	fax	influsso	scambio	weekend

MINI-CONVERSAZIONE 1

ALESSIO: Ciao, Maurizio, cosa fai questo _____1?

MAURIZIO: Vado al cinema per vedere quel nuovo _____2 di Spielberg. Mi vuoi

accompagnare?

ALESSIO: Vorrei ma devo _____3. Ho bisogno di comprarmi un

nuovo _____4 perché spedisco tanti documenti e il mio non funziona

più. Senza queste macchine _____5, non riesco più a lavorare!

MAURIZIO: Si capisce. Passo delle ore davanti al _____6 per controllare

l'_____7. Sono proprio contento di andare al cinema e non farlo per

qualche ora!

ALESSIO: Hai ragione. Delle volte mi sento uno schiavo, ma ormai siamo nel ventunesimo secolo

e c'è poco da fare. Divertiti al cinema!

MINI-CONVERSAZIONE 2

BRUNO: Marisa, a che ora abbiamo il _____8 con il direttore?

MARISA: A mezzogiorno. Perché abbiamo un altro incontro questa settimana?

BRUNO: Dobbiamo creare uno _____9 per la nuova marca di

_____10 che venderemo su _____11.

MARISA: Bisogna essere molto creativi perché _____12 alla Lavazza!

BRUNO: Hai ragione! Porta tutte le tue idee!

Copyright © Houghton Mifflin Company. All rights reserved.

GRAMMATICA & CO.

F. Attrici famosissime e diversissime. Guarda i ritratti di queste due famose attrici italiane così diverse tra loro. Poi parla delle loro differenze e somiglianze usando il comparativo di maggioranza, d'uguaglianza e di minoranza, aiutandoti con alcuni degli aggettivi suggeriti (attenzione all'accordo). Se non le conosci, usa la tua immaginazione.

Monica Bellucci

Nicoletta Braschi

affascinante	brutto	grasso	simpatico
alto	divertente	ricco	tenero
bello	famoso	sexy	

ESEMPIO: **Monica Bellucci è meno divertente di Nicoletta Braschi.**

1. _____
2. _____
3. _____
4. _____
5. _____
6. _____
7. _____
8. _____

Copyright © Houghton Mifflin Company. All rights reserved.

G. Bar Gianni o Bar Sport? Paragona i prezzi dei due bar usando il comparativo di maggioranza, d'uguaglianza e di minoranza. Fa' attenzione all'uso delle preposizioni articolate.

BAR GIANNI		BAR SPORT	
Caffè	. . . .€0.90	Caffè	. . . .€0.90
Cappuccino	. . . .€1.10	Cappuccino	. . . .€1.00
Tè	. . . .€1.20	Tè	. . . .€1.50
Bibite	. . . .€2.00	Bibite	. . . .€1.80
Spremute	. . . .€2.50	Spremute	. . . .€2.50
Paste	. . . .€1.50	Paste	. . . .€1.40
Tramezzini	. . . .€3.00	Tramezzini	. . . .€4.00
Panini	. . . .€3.50	Panini	. . . .€4.50
Aperitivi	. . . .€4.00	Aperitivi	. . . .€3.50
Liquori	. . . .€5.00	Liquori	. . . .€4.50

ESEMPIO: (Liquori/+) → **I liquori del Bar Gianni costano più dei liquori del Bar Sport.**

1. (Aperitivi/+) _____

2. (Tramezzini/-) _____

3. (Caffè/=) _____

4. (Bibite/+) _____

5. (Spremute/=) _____

6. (Liquori/-) _____

7. (Tè/+) _____

8. (Panini/-) _____

9. (Paste/+) _____

H. Un'Italia americana? Completa il seguente brano usando **che, di** o **di** + *articolo*.

A mio padre non piace come l'Italia è cambiata negli ultimi anni e dice che assomiglia sempre di più

agli Stati Uniti. Ma le cose non stanno veramente così. Prima di tutto la vita italiana è molto più

lenta _____[1] vita negli Stati Uniti. I negozi americani sono aperti per più tempo

_____[2] nostri e nelle grandi città ci sono più cose da fare _____[3]

quello che si possa pensare. A New York e Los Angeles ci sono più attività culturali

Copyright © Houghton Mifflin Company. All rights reserved.

_____ 4 a Roma o Milano e il pensiero di guidare per più _____ 5

100 chilometri per assistere a uno spettacolo non fa paura a nessuno. Per non parlare poi della

tecnologia. Gli americani sono sicuramente più avanzati _____ 6 noi: in Italia

abbiamo ancora più telefonini _____ 7 computer! Per noi è più un atteggiamento

_____ 8 una necessità, mentre in America ormai buona parte della vita economica e

sociale si svolge (*takes place*) al computer. Forse i cambiamenti che ci sono stati sono più difficili da

accettare per lui _____ 9 per me, ma per ora non si può proprio dire che l'Italia sia

meno bella e caratteristica _____ 10 paese in cui mio padre era nato.

I. Acquisti sì, ma con un limite. Cristina vuole fare un po' di compere per la festa di *Halloween* ma ha solo 80 euro e non sa quanto possa costare quello che desidera. Rispondi alle domande di Cristina seguendo il modello. Fa' attenzione a quando usare le preposizioni semplici e quelle articolate.

> ESEMPIO: Quanto può costare un cappello da strega? (+/10 euro)
> **Non può costare più di dieci euro.**

1. Quanto può costare una zucca (*pumpkin*)? (–/dolci)

_____

2. Quanto può costare un chilo di dolci? (+/ bibite)

_____

3. Quanto può costare uno scheletro di plastica? (+/ costume da Batman)

_____

4. Quanto può costare una maschera da Frankenstein? (–/parrucca [*wig*])

_____

5. Quanto possono costare i denti da Dracula? (+/7 euro)

_____

6. Quanto può costare un costume da King Kong? (–/cappello da strega)

_____

J. Di ritorno da un viaggio per il mondo. Alcuni tuoi amici sono appena tornati da un viaggio in alcune località turistiche. Completa le risposte usando il superlativo relativo secondo il modello.

> ESEMPIO: Ti è piaciuta Montreal?
> Certo, **è la** città **più europea** del Canada! (+/**europeo**)

Copyright © Houghton Mifflin Company. All rights reserved.

1. Sei andato a vedere il lago Michigan?

   Certo, è _____ lago _____ regione dei Grandi Laghi. (+/impressionante)

2. Hai mangiato la pizza a New York?

   Certo, è _____ cibo _____ New York. (-/caro)

3. Hai comprato dei souvenir a Little Italy?

   Certo, sono _____ souvenir _____ dai turisti. (+/comprato)

4. Ti sono piaciute le Montagne Rocciose (*Rocky Mountains*)?

   Certo, sono _____ montagne _____ Stati Uniti. (+/alto)

5. Hai visitato il Museo di Arte Moderna a San Francisco?

   Certo, l'arte è stato _____ aspetto _____ mio viaggio. (+/importante)

6. Hai fatto fotografie a Disneyland?

   Certo, sono _____ foto _____ mia raccolta. (+/divertente)

7. Hai visto la barriera corallina in Australia?

   Certo, è tra _____ luoghi _____ terra. (+/bello)

8. Ti sei divertito a Sidney?

   Certo, gli australiani sono _____ persone _____ mondo! (-/noioso)

K. Da un ristorante all'altro. Mentre cammini per una piazza italiana, senti qualcuno che fa commenti sul cibo che sta mangiando. Riscrivi le esclamazioni che hai sentito usando il superlativo assoluto secondo il modello.

Copyright © Houghton Mifflin Company. All rights reserved.

ESEMPIO: Ancora fettuccine: sono *molto buone*!
Ancora fettuccine: sono buonissime!

1. Bevo vino in Italia perché è *estremamente economico*.

   _____

2. I cuochi del ristorante «La Perla» sono *molto bravi*.

   _____

3. Questi camerieri sono *assai gentili*.

   _____

4. La vostra insalata caprese è *incredibilmente fresca*.

   _____

5. Il tiramisù della Trattoria «Da Gigi» è *molto dolce*.

   _____

6. Non mi piace questa pasta: è *troppo salata*.

   _____

7. Alla fine del pranzo un caffè è *molto indicato*.

   _____

8. I ristoranti italiani sono *molto eleganti*.

   _____

L. Il linguaggio dei giovani. Il Signor Fontana fa apprezzamenti sugli oggetti che vede nelle vetrine mentre passeggia per il centro con il figlio. All'entusiasmo del padre, il figlio fa eco usando il linguaggio dei ragazzi. Sostituisci ai superlativi usati dal Signor Fontana gli aggettivi preceduti dai prefissi **ultra-**, **stra-**, **extra-**, **super-** ed **iper-**.

ESEMPIO: Questo CD player è *bellissimo*.
Bellissimo? È strabello!

1. Quella televisione è *grandissima*. _____

2. Mi hanno detto che quel modem è *velocissimo*. _____

3. Quello stereo ha una linea *molto aerodinamica*. _____

4. Il cibo in questo fast food non è *sanissimo*. _____

5. L'ultimo libro di Severgnini è *interessantissimo*. _____

6. Le videocassette di Benigni sono *molto divertenti*. _____

7. Questo ristorante è *estremamente elegante*. _____

8. L'ultimo modello di questo computer è *molto caro*. _____

Copyright © Houghton Mifflin Company. All rights reserved.

M. Esagerazioni di ogni tipo. Mirella è ammalata e decide di guardare un po' di televisione. Sfortunatamente ci sono troppi programmi che le interessano e così porta sette televisori nella camera da letto. Osserva quello che Mirella sta guardando e, per ognuno dei canali televisivi, completa le frasi qui sotto usando il superlativo idiomatico o irregolare corrispondente, secondo il modello. Usa le espressioni offerte, facendo attenzione all'accordo.

| acerrimo | innamorato cotto | pieno zeppo | stanco morto |
| celeberrimo | pazzo da legare | ricco sfondato | |

ESEMPIO: [TV 1] Il gatto è l' _____ nemico degli uccelli.
Il gatto è l'**acerrimo** nemico degli uccelli.

1. [TV 2] È stato un incubo arrivare qui: il treno era _____ .

2. [TV 3] Hanno lavorato due giorni consecutivi e ora sono _____ .

3. [TV 4] Federica è come Bill Gates: è _____ .

4. [TV 5] Questa donna è _____ .

5. [TV 6] Il _____ tenore Pavarotti canta sempre «O sole mio».

6. [TV 7] Paolo e Francesca sono _____ .

Copyright © Houghton Mifflin Company. All rights reserved.

N. Il padrino (*The Godfather*). Completa con le forme dei comparativi e superlativi irregolari di **buono, cattivo, grande e piccolo.**

Il film *Il padrino* è bellissimo ed è sicuramente il _____1 film sulla mafia che abbia

mai visto. Anche se quello degli «italiani mafiosi» è uno dei _____2 stereotipi che

accompagnano gli italiani all'estero, la saga della famiglia Corleone è uno dei _____3

capolavori del cinema americano. Il Don ha molti figli, l'ultimo dei quali è Michele. La parte che

preferisco è quando Michele, il figlio _____4, va in Sicilia perché Don Vito ha paura

che qualcuno possa fargli del male. La _____5 tensione però si raggiunge quando

Michele torna negli Stati Uniti e con i fratelli _____6 comincia a combattere con le

altre famiglie. *Il padrino* è un _____7 film e ha vinto moltissimi Oscar tra cui quello

per il _____8 film dell'anno.

O. Pro e contro. Cosa è meglio fare in Italia piuttosto che all'estero? E cosa invece è preferibile fare all'estero? Rispondi a queste domande scegliendo la forma appropriata (aggettivo o avverbio) del comparativo irregolare. (Attenzione all'accordo.)

1. Mangiate in Italia! Là le persone seguono una dieta _____ (migliore / meglio),

   più sana e più equilibrata. Non mangiate ai fast food: vivrete di più e _____

   (migliore / meglio).

2. Sciamo in Canada! Là la neve resiste _____ (migliore / meglio) e le piste da sci

   sono tra le _____ (migliore / meglio) del mondo.

3. Guidare è un problema! Gli italiani guidano _____ (migliore / meglio) di tutti

   ma le strade sono tra le _____ (peggiore / peggio) del mondo.

4. Andiamo in barca a vela in Australia! I venti australiani permettono di pilotare

   _____ (migliore / meglio) e la temperatura è tra le _____

   (migliore / meglio) del mondo.

5. Beviamo birra in Germania, in Irlanda ed in Inghilterra. Le loro birre sono tra le

   _____ (migliore / meglio) del mondo.

6. Compriamo vestiti fatti in Italia! Là la moda produce i _____

   (migliore / meglio) abiti del mondo.

7. Cerchiamo lavoro negli Stati Uniti! Gli americani pagano _____

   (migliore / meglio). In Italia il ritmo della vita è _____ (migliore / meglio)

   ma gli stipendi sono tra i _____ (peggiore / peggio) della Comunità Europea.

Copyright © Houghton Mifflin Company. All rights reserved.

8. Compriamo tecnologia giapponese. I loro tecnici sono i _____

(migliore / meglio) del mondo.

P. Un Oscar per tutti. Fai la lista dei tuoi Oscar del secolo (*century*) per gli argomenti suggeriti qui sotto seguendo il modello.

ESEMPIO: (CD) → **Il miglior CD del secolo è stato** *Saturday Night Fever.*

1. (libro) _____

2. (film) _____

3. (musical) _____

4. (concerto) _____

5. (opera) _____

6. (spettacolo televisivo) _____

7. (attore) _____

8. (canzone) _____

Q. Cos'è meglio? Cos'è peggio? Ora pensa a quello che tu pensi che sia meglio o sia peggio fare nei seguenti paesi usando il modello fornito dall'esempio.

ESEMPIO: Grecia → **In Grecia è meglio visitare le piccole isole.**
In Grecia è peggio viaggiare in macchina.

1. Italia _____

_____

2. Stati Uniti _____

_____

3. Australia _____

_____

4. Inghilterra _____

_____

5. Irlanda _____

_____

6. Giappone _____

Copyright © Houghton Mifflin Company. All rights reserved.

R. Italamerica?   In questo capitolo hai osservato come l'inglese abbia un grande influsso sulla lingua italiana. Scrivi cinque o sei frasi complete spiegando se, secondo la tua opinione, questo fatto arricchisca o impoverisca la lingua italiana.

_____

_____

_____

_____

_____

_____

_____

Copyright © Houghton Mifflin Company. All rights reserved.

Mito o realtà?

C A P I T O L O **2**

LESSICO.EDU

A. In cerca di un'edicola. Completa il seguente brano con la parola corretta.

cronaca rosa	fotoreporter	riviste
edicola	inviato	telegiornale
edizione straordinaria	quotidiani	

Ieri sono uscita per cercare un'_____2 e ne ho trovata una

favolosa. Non solo aveva tutti i _____2 italiani ma anche moltissime

_____3 straniere da tutto il mondo. Ero uscita perché volevo

comprare l'_____4 che era uscita poco prima. Guardavo il

_____5 e l'_____6 ha annunciato il

matrimonio di Carolina di Monaco. Di solito non leggo la _____7

ma quando escono notizie sulla principessa Carolina, non posso farne a meno. Poi i

_____8 sono sempre lì intorno a scattare delle foto.

B. Tutte le cronache. Metti i numeri dei titoli nella categoria di cronaca giusta.

cronaca	cronaca nera	cronaca rosa

1. Scioperano bus e taxi
2. Tentato omicidio in Piazza Navona
3. La bella Cecilia dice: Tucci mi ha diffamato
4. Il cugino aveva progettato il delitto
5. Fine settimana di sole

Copyright © Houghton Mifflin Company. All rights reserved.

6. In prigione un pericoloso boss mafioso

7. I segreti dei V.I.P.

8. Tradimento (*Unfaithful Spouses*), un tema estivo

9. Treno deragliato a Genova

C. Che cos'è? Scrivi in italiano la definizione delle parole date.

1. il mensile: _____

2. il fotoreporter: _____

3. la redazione: _____

4. l'edicola: _____

5. la cronaca rosa: _____

6. l'inviato: _____

7. l'abbonamento: _____

8. l'edizione straordinaria: _____

D. Famiglie di parole. Alcune parole appartengono a famiglie di parole. Leggi la parola data e pensa ad altre parole della stessa famiglia.

1. il giorno _____

2. la settimana _____

3. inviare _____

4. il mese _____

5. l'intervista _____

6. i redattori _____

7. la fotografia _____

Copyright © Houghton Mifflin Company. All rights reserved.

E. Mini-conversazioni. Completa le seguenti mini-conversazioni usando la parola corretta.

abbonamento	edicola	fotoreporter	inviato	redazione
cronaca	edizione straordinaria	giornalista	quotidiano	telegiornale

MINI-CONVERSAZIONE 1

SERGIO: Hai visto il _____¹ stasera?

GIUSEPPE: No, cos'è successo?

SERGIO: C'è stato un terremoto a Napoli.

GIUSEPPE: Molti feriti?

SERGIO: No, miracolosamente. Molti hanno perso la casa e parecchi palazzi sono crollati.

C'era un _____² sul luogo che ha fatto delle foto incredibili.

Sicuramente ci sarà un'_____³ fra qualche ora. Perché non

mi accompagni all'_____⁴?

GIUSEPPE: Buon'idea! Così leggiamo le notizie più recenti.

MINI-CONVERSAZIONE 2

STUDENTE: Ho deciso cosa voglio fare.

MADRE: Finalmente! Che cosa?

STUDENTE: Voglio diventare _____⁵.

MADRE: Qualche volta può essere pericoloso quel lavoro.

STUDENTE: Lo so. Infatti voglio lavorare alla _____⁶ di qualche

quotidiano ma continuare a viaggiare.

MADRE: Non vorrai dire che vuoi fare l'_____⁷ in qualche parte

del mondo dove ci sono situazioni problematiche?

STUDENTE: Purtroppo ci sono tante situazioni così e qualcuno lo deve pure fare.

MADRE: Qualcuno, certo. Ma perché proprio mio figlio?

Copyright © Houghton Mifflin Company. All rights reserved.

F. La strana vita dei giornalisti. Guarda le vignette e scrivi la storia in ordine temporale. Descrivi le azioni usando il passato prossimo. (Attenzione all'accordo dei participi passati.)

10,30 a.m.

11,00 a.m.

1,45 p.m.

3,00 p.m.

5,00 p.m.

7,30 p.m.

10,00 p.m.

11,00 p.m.

Copyright © Houghton Mifflin Company. All rights reserved.

Inizio: Michela si è svegliata alle 10,00.

1. _____

2. _____

3. _____

4. _____

5. _____

6. _____

7. _____

8. _____

G. Quando ero bambino/a.   Nella tabella sono riportate le attività che Sergio e Luisa facevano da giovani. Seguendo le indicazioni temporali e usando le espressioni di tempo appropriate (**ogni, spesso, tutti i giorni, di solito, mai...**), ricostruisci le loro vite.

SERGIO	LUISA
♣ addormentarsi alle 9,00 di sera / 3 anni	♣ essere alta 75 cm / 3 anni
♣ non potere guardare la televisione / 5 anni	♣ volere diventare una ballerina / 5 anni
♣ andare a scuola / 6 anni	♣ dormire a casa della nonna il sabato sera / 6 anni
♣ giocare in giardino / 6 anni	♣ allacciarsi le scarpe da sola / 7 anni
♣ abitare a Firenze / 7 anni	♣ prendere lezioni di piano / tra i 6 e 12 anni
♣ non mangiare spinaci / tra i 6 e 12 anni	♣ frequentare la scuola media / 12 anni
♣ fare allenamento con la sua squadra di calcio / 12 anni	

ESEMPIO: andare a scuola / sei anni

Sergio andava a scuola tutti i giorni quando aveva sei anni. *o*
A sei anni Sergio andava a scuola tutti i giorni.

1. (Sergio) _____

2. (Sergio) _____

3. (Sergio) _____

4. (Sergio) _____

Copyright © Houghton Mifflin Company. All rights reserved.

5. (Sergio) _____

6. (Sergio) _____

7. (Luisa) _____

8. (Luisa) _____

9. (Luisa) _____

10. (Luisa) _____

11. (Luisa) _____

12. (Luisa) _____

H. Una vacanza disastrosa? Completa la lettera di Giovanna usando il passato prossimo dei verbi dati.

Ciao, mamma,

ti scrivo dalla Sicilia dove sono appena arrivata. Questa vacanza non poteva essere

peggiore almeno al suo inizio. Sono partita da Roma tre giorni fa, ma appena arrivata mi sono

ammalata. _____[1] (Dovere) chiamare il dottore e non

_____[2] (potere) telefonarti perché il mio telefonino era scarico e

non avevo una scheda telefonica. Non _____ nemmeno _____[3] (potere)

rimanere nell'albergo che avevo prenotato perché non avevano mai ricevuto il pagamento

dall'agenzia di viaggio. Quindi _____[4] (dovere spostarsi)

con un autobus di linea fino a Catania. Lì _____[5] (sapere) che il traghetto

per andare alle isole Eolie non fa servizio durante le vacanze di Pasqua. Non

_____[6] (volere) rinunciare al viaggio, così sono andata all'aeroporto

per vedere se c'era un volo da Catania a Pantelleria. _____ sempre _____[7]

(desiderare) visitare l'isola più bella d'Italia e non _____[8] (sapere)

resistere quando ho trovato un biglietto. Ho speso 500 euro ma non mi lamento. Adesso che

sono qui, sono felice e non ho intenzione di ritornare a Roma prima di quindici giorni.

Prima di partire, non _____[9] (potere) ritirare i miei vestiti in

lavanderia e nemmeno pagare le riparazioni. Mi puoi aiutare tu? Ho lasciato il tuo nome e il tuo

indirizzo al lavasecco (*dry cleaner*) che ti telefonerà presto. Grazie.

Giovanna

Copyright © Houghton Mifflin Company. All rights reserved.

I. Abitudini diverse. Daniela risponde ad un sondaggio sulla sua rivista preferita per scoprire le abitudini degli studenti universitari. Rispondi negativamente alle domande seguendo il modello.

> **ESEMPIO:** Tu mangiavi spesso in mensa? (casa)
> **Non ho mai mangiato in mensa; mangiavo sempre a casa.**

1. Andavate sempre a scuola in autobus? (macchina)

_____

2. I professori assegnavano troppi compiti? (letture)

_____

3. Le vostre amiche uscivano tutte le sere? (solo il sabato)

_____

4. Tu e i tuoi compagni facevate domande in classe? (ore d'ufficio)

_____

5. Tua madre si preoccupava per te? (per mia sorella minore)

_____

6. I tuoi amici abitavano in un appartamento? (casa dello studente)

_____

J. Cronaca vera. Completa l'articolo con i verbi ausiliari appropriati. (I verbi devono essere coniugati.)

Nessuno crede più agli UFO ma pochi giorni fa in un paesino in Abruzzo anche gli increduli si

_____[1] dovuti convincere del contrario. Alle nove di sera un gruppo di curiosi si

_____[2] accorto che c'era qualcosa di strano all'interno del laghetto per la pesca

sportiva. Improvvisamente infatti, una luce molto forte _____[3] dipinto il cielo di un

colore bluastro e _____[4] reso tutto il paesaggio irreale. Contemporaneamente l'acqua

si _____[5] mossa e quattro figure umane _____[6] uscite correndo. I

curiosi _____[7] scappati e _____[8] cominciato a urlare mentre i vigili

del fuoco e la polizia raggiungevano il luogo dell'avvistamento. Davanti agli occhi di tutti, i quattro

«alieni» _____[9] offerto un pacchetto agli agenti e _____[10] scomparsi

Copyright © Houghton Mifflin Company. All rights reserved.

da dove erano venuti. Le autorità _____[11] scelto di non commentare il fatto e inoltre

_____[12] deciso di non rivelare il contenuto del «regalo» spaziale. Il dibattito si

_____[13] comunque aperto e il nostro giornale _____[14] svolto indagi-

ni accurate che dimostrano senza alcun dubbio che la possibilità di un nuovo «incontro ravvicinato»

non è poi così lontana.

K. Oggi così, ieri lo stesso.   Trasforma le seguenti frasi dal presente all'imperfetto seguendo l'esempio.

> ESEMPIO: Sono le otto e il signor Matteini va in ufficio.
> **Erano le otto e il signor Matteini andava in ufficio.**

1. Le edicole aprono sempre alle 7,00 e chiudono a mezzanotte.

    _____

2. I giornalisti scelgono sempre le notizie che hanno maggior presa sul pubblico.

    _____

3. Le elezioni politiche dividono sempre gli elettori e causano accesi dibattiti.

    _____

4. I problemi del terzo mondo riempiono sempre le pagine dei giornali.

    _____

5. La moda italiana esprime sempre uno stile alternativo e raccoglie le più moderne tendenze dei giovani.

    _____

    _____

6. Le forze dell'ordine scoprono sempre traffici illegali e si battono contro il mercato nero di sigarette.

    _____

    _____

Copyright © Houghton Mifflin Company. All rights reserved.

L. Ieri. Costruisci delle frasi complete al passato prossimo con gli elementi dati.

    ESEMPIO: Giuliano / svegliarsi / presto e / vestirsi da solo

        Giuliano si è svegliato presto e si è vestito da solo.

1. il presidente / presentare il suo programma al parlamento e / esprimere la sua solidarietà ai minatori in sciopero

    _____

    _____

2. il Papa / fare un viaggio in Giappone / e incontrarsi con l'imperatore

    _____

    _____

3. le attrici italiane / scendere le scale del salone delle feste e / aprire le danze

    _____

    _____

4. io e mia moglie / non leggere le notizie di cronaca nera e / non guardare i telegiornali

    _____

    _____

5. il convegno delle Nazioni Unite / che svolgersi a Bogotà / togliere ogni dubbio sulla possibilità di una guerra

    _____

    _____

6. tu e quel famoso giornalista / conoscersi / un anno fa e / difendere insieme i diritti delle donne

    _____

    _____

Copyright © Houghton Mifflin Company. All rights reserved.

M. La protesta dei giornalisti. Completa con la forma corretta del verbo al passato prossimo.

1. Durante la marcia per i diritti dei giornalisti, noi _____ (passare) davanti alla Casa Bianca.

2. Molti giornalisti _____ (saltare) il pranzo per partecipare alla protesta.

3. Appena il leader _____ (salire) sul podio,

   _____ (suonare) il suo telefonino.

4. Allora la folla _____ (cominciare) a urlare.

5. Quando il leader _____ (cominciare) a parlare al telefono, gli altri

   _____ (iniziare) a protestare.

6. Il leader non ha potuto parlare ed _____ (scendere) dal palco tra i fischi.

7. I fotoreporter _____ (correre) in redazione per un'edizione straordinaria.

N. Che distratto! Completa con le forme dei verbi indicati al passato prossimo o all'imperfetto secondo i casi.

Ieri Marco _____[1] (accorgersi) di avere perso le chiavi di casa

proprio quando noi due _____[2] (ballare) in discoteca.

_____[3] (Essere) le undici di sera e _____[4]

(piovere) a dirotto. Marco allora _____[5] (prendere) la macchina e

_____[6] (correre) in ufficio. Quando lui _____[7]

(aprire) la porta, _____[8] (suonare) l'allarme ed

_____[9] (arrivare) la polizia. Lui _____[10]

(scendere) le scale e _____[11] (fingere) di essere un addetto alla

manutenzione. Gli agenti non _____[12] (credere) alla sua storia e lo

_____[13] (portare) in Questura. Dopo alcuni minuti Marco

_____[14] (dire) la verità e gli agenti _____[15]

(scoprire) il motivo della sua visita. Mentre loro _____[16] (perquisire,

to search) la macchina, _____[17] (trovare) un mazzo di chiavi nel baule

(*trunk*)... _____[18] (Essere) le chiavi di casa che Marco

_____[19] (avere) nascosto lì per non perderle in discoteca!

Copyright © Houghton Mifflin Company. All rights reserved.

Nome _____ Corso _____ Data _____

O. Partenza dall'Italia. Elisa scrive una lettera ad Elena raccontandole quello che le è successo a Roma la settimana precedente. Scegli il verbo corretto ed inserisci la forma corretta del verbo al passato prossimo o all'imperfetto secondo i casi.

arrivare	dovere (2v.)	imparare	sapere
costare	essere	partire	tornare
decidere	fermarsi	perdere	

Toronto, 3 marzo

Cara Elena,

non ci crederai, ma la settimana scorsa _____[1] un incubo. Io

_____[2] partire da Roma alle 17,30 del pomeriggio per rientrare a Toronto.

La mattina del mio volo _____[3] da Firenze con il treno delle 10,00, ora più

che sufficiente per prendere l'aereo delle 17,30. Tutto era andato bene quando ad un tratto il treno

_____[4] tra Pisa e la Maremma. Nessuno capiva il motivo di questa sosta.

Dopo un po' noi _____[5] che il giorno prima i controllori avevano

scioperato ma che non avevano ottenuto i risultati desiderati. Così i controllori, ancora arrabbiati,

_____[6] di fermare il treno in mezzo al binario. Conclusione: io

_____[7] a Fiumicino alle 17,45 e _____[8] il volo.

Non solo, ma siccome avevo un biglietto con molte restrizioni, _____[9]

comprare un nuovo biglietto, che _____[10] più di 1.000 euro. Che orrore!

Io _____[11] una cosa importante: cioè, di arrivare sempre un giorno prima

della partenza! In ogni caso, io _____[12] a Toronto sana e salva e non vedo

l'ora di ritornare in Italia!

Un abbraccio,

Elisa

Copyright © Houghton Mifflin Company. All rights reserved.

P. Mito o realtà?   Scrivi cinque o sei frasi complete descrivendo in maniera giornalistica un evento di fantasia che potrebbe interessare al pubblico.

Titolo: _____

_____

_____

_____

_____

_____

_____

_____

Copyright © Houghton Mifflin Company. All rights reserved.

CAPITOLO 3
Terra di vitelloni e casalinghe?

LESSICO.EDU

A. Qualità desiderate. Segna qui sotto tutte le cose per te importanti in un compagno / una compagna.

- ❏ litiga spesso
- ❏ è ragazzo padre
- ❏ è ragazza madre
- ❏ lavora a tempo pieno
- ❏ lavora part-time

- ❏ all'antica
- ❏ si confida
- ❏ maschilista
- ❏ ti vuole bene
- ❏ crede nella parità

- ❏ lava i piatti
- ❏ si ribella
- ❏ femminista
- ❏ fa il bucato
- ❏ stira

B. Annuncio. Con le qualità e le caratteristiche che hai scelto nell'esercizio A, scrivi un annuncio sul giornale per trovare un compagno / una compagna. Scrivi due o tre frasi che ti descrivono e poi tre o quattro frasi che descrivono il compagno / la compagna che cerchi.

_____

_____

_____

_____

_____

_____

_____

_____

_____

_____

Copyright © Houghton Mifflin Company. All rights reserved.

C. Negativa o positiva?   Leggi le seguenti affermazioni e indica se per te sono positive o negative.

	+	−
1. Il marito non permette alla moglie di lavorare.	☐	☐
2. Una madre non fa la casalinga.	☐	☐
3. Il marito stira le proprie camicie.	☐	☐
4. I bambini prendono cura di se stessi.	☐	☐
5. La moglie è femminista.	☐	☐
6. La convivenza è accettata dai genitori.	☐	☐
7. Si sono sposati a 18 anni.	☐	☐
8. Un vitellone abita in casa tua.	☐	☐

D. Perché?   Scegli una delle affermazioni e spiega le ragioni della tua scelta.

_____

_____

_____

_____

_____

E. Mini-conversazioni.   Completa le seguenti mini-conversazioni usando la parola corretta.

a tempo pieno	lecito	part-time	stiro
abbiamo divorziato	mi sposo	si occupa	vitellone
all'antica	pari opportunità	si ribella	vuole bene
bebè			

MINI-CONVERSAZIONE 1

MONICA: Ciao, Grazia. È tanto che non ci vediamo. Come state, tu e tuo marito?

GRAZIA: Non è più mio marito. _____[1] sei mesi fa.

MONICA: Mi dispiace.

GRAZIA: Non ti dispiacere. Era diventato un _____[2] e non ne potevo più.

MONICA: Allora, hai fatto bene!

Copyright © Houghton Mifflin Company. All rights reserved.

MINI-CONVERSAZIONE 2

GIULIANO: Eh, Sergio, novità?

SERGIO: Senti un po'. _____[3] a novembre—in chiesa pure!

GIULIANO: Non ci credo.

SERGIO: Verissimo. Non solo. Diventerò padre perché Federica ha anche un

             _____[4] di sei mesi.

GIULIANO: Allora, tante belle cose!

MINI-CONVERSAZIONE 3

SANDRA: Ciao, Loredana. Sono sfinita.

LOREDANA: Anche tu! Perché?

SANDRA: È tutto il giorno che _____[5]: camicie, lenzuola, vestiti...

LOREDANA: Ma tuo marito non ti può aiutare?

SANDRA: Figurati, è un marito _____[6] e non gli verrebbe mai in mente

             di stirare.

LOREDANA: Va bene. Però _____[7] di tante altre cose e delle volte cucina!

SANDRA: Hai ragione! Non posso lamentarmi troppo.

MINI-CONVERSAZIONE 4

BETTA: Ciao, Patrizio. Vai a casa?

PATRIZIO: Sì, finalmente. In teoria lavoro _____[8] per poter studiare, ma

             in realtà mi chiedono sempre di rimanere fino a tardi ed alla fine lavoro

             _____[9].

BETTA: Anch'io, sai? Ho trovato lavoro come consulente all'ambasciata e mi piace molto. Grazie

             alle nuove leggi sulle _____[10], mi hanno assunto.

             Nei tempi di mia madre, non sarebbe stato possibile.

PATRIZIO: Perfetto! Sono contento per te.

BETTA: Grazie. Ciao—e non lavorare troppo!

Copyright © Houghton Mifflin Company. All rights reserved.

F. Che cosa fanno? Guarda le vignette e descrivi le attività delle persone riportate, usando le preposizioni semplici o articolate secondo i casi.

1. _____

2. _____

3. _____

4. _____

Copyright © Houghton Mifflin Company. All rights reserved.

5. _____
6. _____
7. _____
8. _____

G. Descrizioni. Completa le seguenti frasi con le preposizioni semplici o articolate.

1. I bambini piccoli hanno paura _____di_____ buio.

2. Dopo un anno di duro lavoro, tutti hanno voglia _____delle_____ vacanze.

3. Il libro _____degli_____ studenti è _____sul_____ banco _____in_____

   classe.

4. Ricevo molte lettere _____dei_____ miei amici italiani. Io rispondo subito: scrivo email

   _____al_____ computer; è molto più facile così.

5. _____Nel_____ cassetto _____di_____ Giovanni ci sono _____delle_____

   matite e _____dei_____ fogli di carta.

6. A casa nostra si mangia sempre _____in_____ sala da pranzo. Quando abbiamo ospiti

   però prepariamo il tavolo _____ la tovaglia ricamata _____della_____ nonna.

7. _____Da_____ dove viene il tuo amico Francesco? È _____di_____ Padova ma

   abita _____in_____ Verona _____con_____ i suoi genitori.

H. Lontano dagli occhi, lontano da...? Completa il seguente brano usando la preposizione opportuna. (Attenzione all'eventuale uso della preposizione articolata.)

eccetto	insieme a	invece di	prima di
fino a	intorno a	lontano da	vicino a

MARCELLO: Elsa, sei poi uscita con Fabio ieri sera?

ELSA: Ma no, sono stata a casa a studiare _____fino alle_____[1] dieci e mezza, ho

mangiato e _____intorno alle_____[2] undici mi sono messa a guardare un po'

di televisione. _____Invece di_____[3] guardare il mio solito telefilm, ho

deciso di vedere quella trasmissione di appuntamenti al buio (*blind dates*) che c'è su

Canale 5.

Copyright © Houghton Mifflin Company. All rights reserved.

MARCELLO: Ah, sì, *Non ti scordar di me*, l'ho vista qualche volta ma mi sembra un po' assurda. Credo che sia tutta una messinscena (*set-up*) per fare spettacolo.

ELSA: Aspetta! _____4 dare giudizi affrettati, senti cosa mi è successo.

MARCELLO: Va bene, ma calmati! Mi sembri un po' sensibile sull'argomento.

ELSA: Infatti. Comunque, la trasmissione comincia con una coppia al ristorante, lume di candela, champagne... e indovina chi vedo seduto al tavolo _____5 loro?

MARCELLO: Chi? Fabio?

ELSA: Proprio lui, era lì al tavolo, _____6 una ragazza che non ho mai visto che si godeva la serata. E pensare che mi aveva detto che il mese scorso doveva andare a trovare la nonna malata! In ogni modo gli ho subito telefonato e mi sono fatta sentire, non voglio più vederlo né sentirlo nominare.

MARCELLO: Va beh, mi dispiace ma sai come si dice: lontano dagli occhi, _____7 cuore. Non pensarci più e concentrati sulla festa di venerdì. Ho già fatto alcuni inviti e ho scelto la musica. Sarà una festa indimenticabile.

ELSA: Benissimo, ma mi raccomando, invita pure chi vuoi, _____8 Fabio, naturalmente.

I. Fidarsi è bene, non fidarsi è meglio.
Svolgi le seguenti frasi al presente o al passato prossimo (attenzione alle espressioni di tempo), utilizzando le preposizioni corrette secondo l'esempio.

ESEMPIO: ieri Marco / fidarsi / Giovanni
Ieri Marco si è fidato di Giovanni.

1. due giorni fa il marito / promettere / lavare i piatti ogni sera

   _____

2. da qualche anno le casalinghe / riuscire / avere una pensione integrativa

   _____

3. la Seconda guerra mondiale / costringere / anche le donne / prendere posizione

   _____

4. oggi i problemi della famiglia / assomigliare sempre di più / un puzzle

   _____

Copyright © Houghton Mifflin Company. All rights reserved.

5. recentemente i giovani / interessarsi / vita politica del Paese

_____

6. negli anni '70 le associazioni femministe / discutere / pregiudizi sul posto di lavoro

_____

J. Abitudini d'altri tempi. Rispondi alle domande del sondaggio seguendo il modello. (Considera che a ogni domanda segue una risposta negativa che prevede l'uso del trapassato prossimo e dell'imperfetto e eventualmente di una preposizione.)

ESEMPIO: Prima di ieri sera studiavi in biblioteca? (ufficio)
   Prima di ieri sera non avevo mai studiato in biblioteca. Studiavo in ufficio.

1. Prima degli anni '70 le donne si spostavano in macchina per andare al lavoro? (bicicletta)

_____

_____

2. Prima della legge sulla famiglia, gli uomini interrompevano il lavoro per prendersi cura dei figli? (malattia)

_____

_____

3. Prima del 1972 le donne potevano divorziare? (solo separarsi)

_____

_____

4. Le donne lavoravano in fabbrica prima della Grande Guerra? (casa)

_____

_____

5. L'uomo camminava sulla luna prima del 1968? (terra)

_____

_____

6. Abitavi con il tuo ragazzo prima dell'anno scorso? (genitori)

_____

_____

Copyright © Houghton Mifflin Company. All rights reserved.

K. Una famiglia moderna. Completa il seguente brano con le forme corrette dei verbi tra parentesi. Usa il passato prossimo, l'imperfetto o il trapassato. (Attenzione alle espressioni di tempo.)

Ieri _____¹ (essere) il primo giorno di scuola. Stefania e Leonardo

_____² (accompagnare) insieme i loro bambini perché soprattutto

Stefano, il più piccolo, _____³ (avere) molta paura. **La settimana prima** i

nonni _____⁴ (dovere) restare a casa con loro perché entrambi i genitori

_____⁵ (lavorare) a tempo pieno e non _____⁶

(potere) prendere nemmeno un giorno di riposo. Il lavoro del genitore è già abbastanza

faticoso senza dover fare i conti con la mancanza di strutture e l'incomprensione dei colleghi.

In quei giorni, tutto _____⁷ (sembrare) strano e i bambini

_____⁸ (sentirsi) in prigione poiché _____⁹

(appena tornare) dalle vacanze e non _____¹⁰ (volere) stare sempre in

casa dopo un mese di vita all'aria aperta. Fortunatamente, dalla settimana prossima Stefano lavorerà

part-time e la vita familiare ritornerà alla normalità.

L. Quando è successo? Costruisci delle frasi complete usando il passato prossimo o l'imperfetto e il trapassato prossimo con gli elementi dati.

ESEMPIO: Giuliano / allacciarsi le scarpe / dopo che / uscire di casa
Giuliano si è allacciato le scarpe dopo che era uscito di casa.

1. i senatori / appena / approvare la legge / quando / cominciare lo sciopero generale

   _____

   _____

2. il ragazzo padre / già / cominciare a lavorare part-time / quando / sua suocera / offrire il suo aiuto

   _____

   _____

3. Marisa / non ancora / arrivare a casa / quando / suo marito / telefonare

   _____

   _____

4. io e mia moglie / già / divorziare / quando / io / abitare a Roma

   _____

   _____

Copyright © Houghton Mifflin Company. All rights reserved.

Nome _____ Corso _____ Data _____

5. loro / non ancora / sposarsi / quando / loro / avere / 18 anni

_____

_____

6. io / già / viaggiare / in Europa / quando / io / cominciare a studiare l'italiano e il francese

_____

_____

M. Uomini e donne.   Nella tabella sono riportate le attività che Sabrina e Paolo fanno durante la giornata. Seguendo le indicazioni temporali e usando il trapassato (**già / non ancora**) e le preposizioni semplici o articolate, ricostruisci le loro giornate paragonando le varie attività.

SABRINA	PAOLO
7,20 a.m. alzarsi (letto)	7,00 a.m. preparare la colazione (cucina)
8,30 a.m. uscire (casa)	9,15 a.m. portare i bambini all'asilo (macchina)
9,00 a.m. spedire un pacco (ufficio postale)	10,00 a.m. bere il caffè (bar / amici)
10,20 a.m. controllare la contabilità (computer)	10,40 a.m. giocare (rubgy / stadio)
12,40 p.m. pranzare (ristorante)	5,20 p.m. leggere una rivista (divano)
8,30 p.m. mettere i piatti sporchi (lavastoviglie)	7,45 p.m. cercare i libri (studio)
9,30 p.m. andare a vedere uno spettacolo (teatro)	12,00 a.m. uscire (salotto) e andare (letto)

ESEMPIO: **Paolo aveva già preparato la colazione in cucina quando Sabrina si è alzata da letto.** _o_
Sabrina non si era ancora alzata da letto quando Paolo ha preparato la colazione in cucina.

1. (Sabrina) _____

_____

2. (Sabrina) _____

_____

3. (Sabrina) _____

_____

Copyright © Houghton Mifflin Company. All rights reserved.

4. (Sabrina) _____

_____

5. (Paolo) _____

_____

6. (Paolo) _____

_____

7. (Paolo) _____

_____

8. (Paolo) _____

_____

N. E tu l'avevi mai fatto? In questo capitolo abbiamo analizzato come descrivere eventi del passato avvenuti prima di un certo momento. Scrivi cinque o sei frasi complete, cominciando da un evento che ha cambiato la tua vita e descrivendo che cosa avevi o non avevi fatto prima di quel momento.

Titolo: Prima di _____

_____

_____

_____

_____

_____

_____

_____

Copyright © Houghton Mifflin Company. All rights reserved.

CAPITOLO 4

O sole mio?

LESSICO.EDU

A. Un complesso jazz. Identifica gli strumenti nel disegno. Scrivi il nome dello strumento e l'articolo determinativo.

1. _____

2. _____

3. _____

4. _____

5. _____

Copyright © Houghton Mifflin Company. All rights reserved.

B. All'opera. Completa il seguente dialogo con la parola corretta.

applaudire   chitarra   orecchio   pianoforte
ballare   fischiare   palcoscenico   stonata
cantante   melodica

MOGLIE: Smettila! Non _____[1]!

MARITO: Perché no? Sei _____[2] come quel tenore?

MOGLIE: Ho un _____[3] perfetto e sono anche educata.

MARITO: Cara mia, all'opera, chi non canta bene se lo merita. In ogni caso, almeno non ho tirato

un pomodoro.

MOGLIE: Sei impossibile. Ascolta questa nuova _____[4] italiana. Ha una bellissima

voce _____[5]. Per lei puoi _____[6].

MARITO: D'accordo.

MOGLIE: Adesso, occhi al _____[7].

C. Definizioni. Abbina la parola con la frase che meglio la descrive.

1. _____ il camerino	a. lo si fa in discoteca
2. _____ il cantautore	b. uno strumento dell'orchestra
3. _____ il violino	c. la persona che protegge il / la cantante dai fan
4. _____ ballare	
5. _____ il ritornello	d. la parte di una canzone che si ripete
6. _____ il buttafuori	e. il luogo in cui i cantanti si preparano per il concerto
	f. scrive il testo e la musica per una canzone

Copyright © Houghton Mifflin Company. All rights reserved.

D. Una cartolina. Scrivi una cartolina ad un tuo amico / una tua amica parlando di un concerto recente del tuo cantante o gruppo favorito. Usa queste parole ed espressioni nel testo della cartolina:

il batterista   diecimila persone   mettersi a ballare   salire sul palcoscenico

concerto tutto da cantare   disco ispirato   musica di qualità   significato particolare

_____

_____

_____

_____

_____   _____

_____   _____

_____   _____

_____

_____

_____

E. Verbi musicali. Completa le frasi con il verbo corretto e la forma corretta.

abbassare   applaudire   comporre   fischiare

alzare   ballare   essere in tournée   suonare

1. I giovani musicisti sono stati invitati a _____ a Carnegie Hall.

2. Giacomo Puccini _____ dodici opere liriche, tra cui le più famose

   sono *La Bohème, Madama Butterfly* e *Tosca.*

3. Barishnikov _____ il balletto classico.

4. Noi _____ con entusiasmo quando finalmente Pavarotti è arrivato

   sul palcoscenico.

5. Voi _____ quando la soprano ha perso il ritmo?

6. Quell'orchestra _____ da un anno. Andranno in altri tre paesi e poi

   torneranno a Roma.

Copyright © Houghton Mifflin Company. All rights reserved.

GRAMMATICA & CO.

F. Chi lo fa? Guarda le vignette e descrivi le attività delle persone riportate, usando il presente e i pronomi oggetto diretto o indiretto.

1. _____

2. _____

3. _____

4. _____

5. _____

6. _____

7. _____

8. _____

Copyright © Houghton Mifflin Company. All rights reserved.

G. Il mondo della musica. Collega le domande della colonna A alle risposte della colonna B. Ricorda che la risposta contiene un pronome diretto, indiretto o combinato.

1. ____ Conosci la musica hip-hop italiana?	**a.** L'ho fatto solo una volta, per il mitico Ligabue.
2. ____ Bisogna comprare i biglietti molto tempo prima del concerto?	**b.** Certo l'ha concesso alla fine dell'opera.
3. ____ Hai detto mai una bugia a tuo padre per andare a un concerto?	**c.** No, ma bisogna comprarli almeno due settimane prima.
4. ____ Mi accordi la chitarra, per favore?	**d.** Non gliele hanno mandate; l'hanno fischiata.
5. ____ Volete telefonare ai vostri amici per invitarli alla festa?	**e.** Sì, la conosco, ma non mi piace.
6. ____ È vero che Pavarotti ha concesso il bis della più famosa aria della *Turandot*?	**f.** Non posso accordartela. È ancora nel baule della macchina.
7. ____ Gli spettatori hanno mandato le rose alla prima donna?	**g.** Non vogliamo telefonargli; sono troppo rumorosi.

H. Come hai fatto? Completa il seguente brano usando i pronomi doppi sottoelencati.

ce li	glielo	me lo	te la
gliel'	me la	se l'	te lo

MAURIZIO: Sandra, ho una notizia fantastica, non crederai a quello che sto per dirti.

SANDRA: Ti prego, non tenermi sulle spine! _____[1] devi dire subito!

MAURIZIO: Ti ricordi che ieri ti ho detto che due settimane fa sono andato al concerto dal vivo di De Gregori?

SANDRA: Sì! _____[2] ricordo. Sarei venuta anch'io ma sai com'è mio padre... Ma vai avanti, cos'è successo?

MAURIZIO: Dunque, all'inizio del concerto hanno annunciato che ci sarebbe stata un'estrazione con i numeri dei biglietti d'ingresso e il vincitore avrebbe vinto una serata dietro le quinte con lui.

SANDRA: Non posso crederci. Hai vinto tu?

MAURIZIO: Infatti! Ho passato tutta la sera con lui e i suoi musicisti, e la maglietta di Elvis che mi avevi dato per l'autografo è stato il mio regalo per lui. _____[3] ho regalata e indovina un po' cosa ha fatto lui?

SANDRA: E lui, _____[4] è messa al concerto?

Copyright © Houghton Mifflin Company. All rights reserved.

MAURIZIO: Ma certo, mi ha anche ringraziato! Ma c'è di più: la prossima settimana siamo invitati ad andare al concerto al Teatro Tenda e ci hanno dato due biglietti per due posti in prima fila. Sono o non sono un genio?

SANDRA: Ma come hai fatto? E perché _____⁵ hanno dati?

MAURIZIO: Ho detto che tu sei un'appassionata di musica rock e che hai una collezione completa di magliette originali. Anche lui è un collezionista. _____⁶ dicevo che sono un genio. Di' a tuo padre che è un'occasione da non perdere. Non credo che avrà problemi.

SANDRA: Non posso dir_____⁷. Parlo con mia madre stasera. Saprò la risposta verso le 8,00 e poi _____⁸ faccio sapere.

MAURIZIO: Va bene, ma fai presto ad organizzarti. Se tu non vieni, chiamo Renata. Sarà un'esperienza indimenticabile!

I. Dal vivo. Svolgi le seguenti frasi al presente o al passato prossimo, utilizzando i pronomi doppi secondo l'esempio. (Attenzione alle espressioni di tempo e all'accordo.)

ESEMPIO: ieri Marzia / spedire / i biglietti / a Gioia
Ieri Marzia glieli ha spediti.

1. due giorni fa il batterista / rompersi / una gamba

_____

2. voi / volere / scrivere / i testi delle canzoni / per me?

_____

3. al concerto di ieri sera / il cantante / non volere / fare / un autografo / a me

_____

4. noi / ricordarsi sempre / le parole delle canzoni

_____

5. recentemente i nostri genitori / dare / consigli su come comportarci ai concerti a noi

_____

6. l'anno scorso / io / regalare / una batteria / a mio figlio / per il suo compleanno

_____

Copyright © Houghton Mifflin Company. All rights reserved.

J. Il pronome neutro.   Trasforma le frasi usando il pronome neutro **lo.**

ESEMPIO: Non ho sentito che cosa hai detto.
Non l'ho sentito.

1. Voglio sempre sapere quando i miei figli escono di casa.

_____

2. Sapevi che Zucchero canta anche in inglese?

_____

3. Non condivido quello che dici, ma ti appoggio.

_____

4. La polizia ha ordinato ai fan di lasciare lo stadio.

_____

5. Ho detto ai musicisti di accordare gli strumenti.

_____

6. Vi ricordate quando è stato l'ultimo concerto di Jovanotti?

_____

K. La notte del concerto.   Formula degli ordini usando i verbi indicati e l'imperativo formale o informale.

ESEMPIO: Di' alla mamma di stare tranquilla.
Sta' tranquilla!

1. Di' a tuo padre di uscire dall'uscita di sicurezza.

_____

2. Di' ai tuoi amici di avere pazienza quando sono in coda alla biglietteria.

_____

3. Di' ai tuoi professori di venire allo spettacolo con te.

_____

4. Di' a tua sorella di essere silenziosa quando uscite di nascosto.

_____

5. Di' alla signora Brina di sapere suonare la batteria prima di presentarsi all'audizione.

_____

6. Di' al signor Carpo di stare tranquillo sotto il palco.

_____

Copyright © Houghton Mifflin Company. All rights reserved.

L. Fatelo!   Costruisci delle frasi complete usando l'imperativo formale o informale e i pronomi oggetto diretto, indiretto o combinati con gli elementi dati.

> ESEMPIO: Giuliano: allacciarsi la cintura
> **Giuliano, allacciatela!**

1. Senatori: approvare la legge sui diritti d'autore

   _____

2. Dottore: dare lo sciroppo alla corista

   _____

3. Mario: non portare i CD per noi

   _____

4. Io e la mia amica: mettersi il rossetto per andare al concerto

   _____

5. Tu e Marina: non farsi fare l'autografo sullo zaino

   _____

6. Direttore d'orchestra: non sgridare gli orchestrali

   _____

7. Roberto: salutare i musicisti per me

   _____

M. Nonni e nipoti.   A volte i gusti e le azioni dei più giovani non vanno d'accordo con quelle dei loro familiari. Cerca di dare dei consigli alla nonna e alla nipote per farle andare d'accordo. Usa l'imperativo formale e informale alla forma negativa o affermativa e i pronomi dove necessario.

NONNA ORSOLA	ROMINA
1. Non voglio ascoltare la musica rock.	7. Mi piace alzare il volume della radio al massimo.
2. Non lascio uscire mia nipote con quei ragazzacci.	8. Quando i miei amici vengono a casa nostra, dico alla nonna di andare in cucina.
3. Mi piace ascoltare le telefonate di mia nipote.	9. Lascio i miei vestiti e le mie scarpe per tutta la casa.
4. Mi preoccupo per mia nipote quando torna tardi.	10. Torno sempre tardi il sabato sera.
5. Mi metto i jeans di mia nipote quando lei non c'è.	11. Mi dimentico il compleanno della nonna.
6. Canto le canzoni di montagna quando ci sono i suoi amici.	12. Prendo i soldi dal portafoglio della nonna.

Copyright © Houghton Mifflin Company. All rights reserved.

1. (Nonna Orsola) _____

2. (Nonna Orsola) _____

3. (Nonna Orsola) _____

4. (Nonna Orsola) _____

5. (Nonna Orsola) _____

6. (Nonna Orsola) _____

7. (Romina) _____

8. (Romina) _____

9. (Romina) _____

10. (Romina) _____

11. (Romina) _____

12. (Romina) _____

N. Un po' d'educazione! Non è educato usare l'imperativo informale con persone che non conosciamo bene. Cambia le seguenti frasi dall'informale al formale utilizzando anche i pronomi oggetto diretto, indiretto e riflessivi.

ESEMPIO: Accorda la chitarra! → **La accordi!**

1. Imparate lo spartito a memoria!

   _____

2. Canta la canzone di Ligabue!

   _____

3. Registrate il concerto di Zucchero!

   _____

4. Ascoltate l'opera domani sera!

   _____

5. Applaudi la soprano!

   _____

6. Da' a me quel disco!

   _____

Copyright © Houghton Mifflin Company. All rights reserved.

7. Preparatevi a suonare per due ore!

_____

8. Fa' il tuo assolo (*solo*)!

_____

9. Siediti in prima fila!

_____

10. Scrivi il testo per me!

_____

Copyright © Houghton Mifflin Company. All rights reserved.

CAPITOLO 5

Pizza, pasta e cappuccino?

LESSICO.EDU

A. Pro e contro. Leggi le seguenti frasi e poi esprimi la tua posizione, pro o contro, e spiega perché.

1. Pranzare a McDonald's è sempre un piacere.

   _____

   _____

2. La mensa universitaria dovrebbe servire solo cibi biologici.

   _____

   _____

3. Se amate gli animali, non mangiateli!

   _____

   _____

4. I dolcificanti fanno molto male.

   _____

   _____

5. Le diete non funzionano!

   _____

   _____

6. Potremmo risolvere molti problemi ambientali se tutti fossero vegetariani.

   _____

   _____

Copyright © Houghton Mifflin Company. All rights reserved.

7. I salumi hanno troppi grassi; meglio non comprarli.

_____

_____

8. I vegetaliani non hanno una dieta sana.

_____

_____

B. Un menu turistico. Lavori in un ristorante a Torino dove mangiano molti turisti. Il tuo capo vuole che tu prepari un menu turistico in italiano e che poi lo traduca in inglese. Scrivi il menu in italiano a sinistra e poi la traduzione a destra. Includi l'antipasto, il primo, il secondo, il dolce, le bevande e il prezzo.

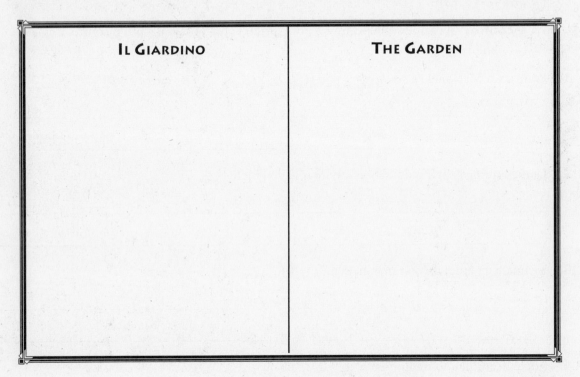

IL GIARDINO	THE GARDEN

C. Cosa mangi? Fa' un segno vicino ai cibi che hai mangiato nell'ultimo mese. Poi scrivi gli ingredienti che servono per preparare almeno tre di questi piatti.

- ☐ l'agnello
- ☐ l'antipasto
- ☐ l'arrosto
- ☐ il dolce
- ☐ il formaggio
- ☐ la macedonia
- ☐ il maiale

- ☐ il manzo
- ☐ il pesce alla griglia
- ☐ il pesce fritto
- ☐ il ripieno
- ☐ i salumi
- ☐ lo spiedino
- ☐ il vitello

Copyright © Houghton Mifflin Company. All rights reserved.

Piatti:

1. _____
   _____

2. _____
   _____

3. _____
   _____

D. Mini-conversazioni. Completa le seguenti mini-conversazioni usando la parola corretta.

apparecchiamo	dolce	paninoteca	salsa
bollito	maiale	pesce alla griglia	salumi
cenare	osteria	prosciutto	spuntino

MINI-CONVERSAZIONE 1

LUCIA: A che ora ceniamo stasera?

PATRIZIA: Alle sette.

LUCIA: Non ce la faccio. Ho troppa fame. Voglio fare uno _____ [1].

PATRIZIA: Così perdi l'appetito. _____ [2] subito la tavola così possiamo

             _____ [3] fra dieci minuti.

LUCIA: Sarà fatto!

MINI-CONVERSAZIONE 2

CLIENTE: Scusi!

CAMERIERE: Mi dica.

CLIENTE: Ho ordinato il _____ [4] con _____ [5] di capperi e mi

             ha portato i ravioli.

CAMERIERE: Mi dispiace. Le porto subito un altro piatto.

···

CAMERIERE: Eccolo, come lo voleva.

CLIENTE: Ma questo è sbagliato. Ho ordinato la trota, non il salmone.

CAMERIERE: Perché non va a mangiare all' _____ [6] all'angolo?

Copyright © Houghton Mifflin Company. All rights reserved.

Cliente:	Buon'idea. Arrivederci.

MINI-CONVERSAZIONE 3

Filippo:	Ho voglia di un panino. C'è una _____[7] qui vicino?
Alessio:	Sì. Ma vendono solo panini vegetariani.
Filippo:	Va bene per me. Non mangio la carne. Ogni tanto faccio un'eccezione quando mangio il _____[8] e melone.
Alessio:	Io invece, non potrei farne a meno. La porchetta è l'ingrediente principale del mio panino preferito e così mangio spesso il _____[9].

GRAMMATICA & CO.

E. Intervista culinaria. Rispondi alle seguenti domande usando la particella **ci**.

1. Hai mai provato a fare gli gnocchi?

   _____

2. Per quanto tempo siete rimasti in quel ristorante?

   _____

3. Perché siete passati da casa mia ieri?

   _____

4. Come sei riuscito a migliorare quella ricetta?

   _____

5. Quanto ci hai messo a preparare quel tacchino?

   _____

6. Perché siete rimasti a casa?

   _____

7. Perché hai rinunciato a partecipare a quel concorso per «la torta migliore»?

   _____

8. Quanto tempo ci è voluto per fare questo esercizio?

   _____

Copyright © Houghton Mifflin Company. All rights reserved.

F. E l'intervista continua. Rispondi alle seguenti domande usando la particella **ne** e gli elementi forniti tra parentesi. Fa' tutti i cambiamenti necessari.

1. Quanta pasta hai usato per quattro persone? (due chili)

   _____

2. Hai mangiato tutte le banane? (solamente alcune)

   _____

3. Avete messo delle uova in frigo? (nessuna)

   _____

4. Quanto zafferano (*saffron*) hai aggiunto al risotto? (un cucchiaino)

   _____

5. Quanti piatti di antipasto avete ordinato? (otto)

   _____

6. Quanti chili hai perso con quella dieta? (due in una settimana)

   _____

7. A che ora siete usciti da quel ristorante? (mezzanotte)

   _____

8. Hai cucinato anche del manzo? (un po')

   _____

G. Una festa da snob? Completa il seguente brano usando le particelle **ci**, **ne** o la combinazione e facendo, quando necessario, i cambiamenti opportuni.

Credevo proprio di non far_____la[1]. Quando me _____[2] sono andato da quella festa, ero

distrutto. _____[3] sono rimasto quattro ore ed è stato un vero e proprio incubo. _____[4] sono

proprio cascato! Laura mi aveva detto di andare e che _____[5] avrei incontrato delle persone

interessanti, ma in verità non _____[6] ho vista proprio nessuna. Già dopo cinque minuti _____[7]

l'avevo con tutti: non sopporto gli snob e qui _____[8] erano veramente troppi!

Copyright © Houghton Mifflin Company. All rights reserved.

H. Dalla cucina al ristorante. Con gli elementi dati e utilizzando il tempo verbale indicato tra parentesi, costruisci delle frasi con i pronomi doppi, **ci** o **ne**.

> ESEMPIO: sabato Gloria / mandare / i nostri dolci / a Milano (passato prossimo)
> **Sabato Gloria ce li ha mandati.**

1. lui / comprare / della carne / in quella macelleria (imperfetto)

   _____

2. loro / potere bere / del vino / in quell'enoteca (presente)

   _____

3. tu / dare / un po' di risotto / a me (imperativo)

   _____

4. loro / non portare / a me / dell'acqua minerale (passato prossimo)

   _____

5. voi / preparare / delle lasagne / per noi (trapassato prossimo)

   _____

6. Loro / bere / il vino rosso / in quell'osteria (imperativo formale)

   _____

I. I miei gusti. Completa lo schema descrivendo i tuoi gusti personali, usando il verbo **piacere** al tempo appropriato.

QUANDO?	PIACERE	NON PIACERE
da bambino/a		
alle scuole medie		
a tavola		
con gli amici		
con la tua famiglia		
al cinema		
in vacanza		
il primo anno d'università		

Copyright © Houghton Mifflin Company. All rights reserved.

J. I gusti degli altri. Forma delle frasi complete con gli elementi dati, usando la forma corretta di **piacere** al presente, passato prossimo o imperfetto e i pronomi oggetto indiretto.

ESEMPIO: le salsicce / piacere / Stefano
Gli piacciono le salsicce.

1. da bambina / piacere / andare in pizzeria / Rossella

_____

2. la settimana scorsa / piacere / le lumache (*snails*) / noi

_____

3. non / piacere / la pasta non «al dente» / io

_____

4. ieri / non piacere / la cucina di quel ristorante messicano / voi

_____

5. piacere / moltissimo / i contorni / di quest'osteria / Sonia e Piero

_____

6. da ragazzo / piacere / i dolci / tu / ma oggi non / piacere / più / tu

_____

7. l'altro ieri / piacere / le lasagne della nonna / Alberto

_____

8. piacere / il vino rosso / gli amici di Carla

_____

Copyright © Houghton Mifflin Company. All rights reserved.

K. Scene da un ristorante. Rispondi alle seguenti domande aiutandoti con i disegni qui sotto.

1. Quanto gli manca per pagare il conto?

   _____

2. Che cosa le serve?

   _____

3. Quanti soldi gli restano?

   _____

4. Chi le manca?

   _____

5. Cosa non gli occorre?

   _____

54 ~ PONTI / Pizza, pasta e cappuccino?

Copyright © Houghton Mifflin Company. All rights reserved.

L. Impressioni. Completa le seguenti frasi utilizzando i verbi **dispiacere** (due volte), **mancare, bastare, occorrere, restare, succedere** e **servire** al presente o al passato prossimo ed il corretto pronome oggetto indiretto.

1. Marco ha ancora fame: il panino che ha comprato non _____.

2. Laura e Stefano sono dovuti restare a casa e non sono potuti andare al ristorante:

    _____ moltissimo.

3. Non _____ la cucina della mamma: anche se è lontana mi manda

    un pacco di biscotti ogni settimana.

4. Dovremo andare a tavola più tardi: avete finito di preparare la pasta ma

    _____ almeno un'altra ora per preparare i secondi.

5. Non posso venire in enoteca con voi: _____ solo 20 euro prima del

    prossimo stipendio.

6. Ieri siamo stati male dopo aver mangiato in quel ristorante: non

    _____ mai _____ prima.

7. Diego, non mi piace questo vino che hai scelto. Non _____ aprirne

    un'altra bottiglia, vero?

8. Marta ha bruciato un altro pollo: le lezioni di cucina non _____.

M. La tua ricetta preferita. Scrivi cinque o sei frasi in cui descrivi la tua ricetta preferita, indicando anche gli ingredienti necessari.

Nome della ricetta: _____

_____

_____

_____

_____

_____

_____

_____

Copyright © Houghton Mifflin Company. All rights reserved.

C A P I T O L O **6**

Tarantella, malocchio e...?

LESSICO.EDU

A. Il Capodanno a Roma. Completa il brano con le seguenti parole.

Capodanno	fortuna	scongiuro	toccammo ferro
costumi	fuochi artificiali	sfilata	tradizione

Non dimenticherò mai quell'anno che festeggiammo il _____[1] in Italia.

Seguimmo le usanze italiane e ci portò tanta _____[2]. La vigilia

preparammo le lenticchie come la _____[3] voleva. Dopo aver mangiato,

uscimmo e guardammo i bellissimi _____[4] in piazza. Non ci dispiacque

non vedere la solita _____[5] che guardiamo ogni anno alla televisione perché

vedemmo altre cose insolite! Puoi immaginare la nostra sorpresa quando scoprimmo che tra i

_____[6] di alcuni italiani c'era quello di buttare vecchi mobili dalla finestra per

dimenticare il passato e dare il benvenuto al nuovo. Mentre osservavamo alcuni italiani farlo,

facemmo anche noi uno _____[7] tutto italiano: _____[8]

affinché nessun mobile ci cadesse in testa!

B. Definizioni. Completa con la parola giusta per la definizione.

l'amuleto	il discorso	il patrono	la sfilata
il Capodanno	il malocchio	la Quaresima	il torrone
la colomba	il panettone	la scaramanzia	

1. _____ : un dolce tradizionale natalizio

2. _____ : esposizione di un pensiero o un'idea per mezzo di parole

3. _____ : oggetto usato per proteggersi dal male

4. _____ : un dolce tradizionale di Pasqua

Copyright © Houghton Mifflin Company. All rights reserved.

5. _____ : un gesto o modo per liberarsi dal malocchio

6. _____ : il santo protettore di una città

7. _____ : periodo di 40 giorni prima della Pasqua

8. _____ : uno sguardo cattivo di qualcuno che porta male

C. Trova la soluzione! Scegli la soluzione che meglio completa la frase.

1. Gli italiani credono che un gatto nero _____ .
   a. porti fortuna
   b. sia carino
   c. porti sfortuna
   d. dia soldi

2. Una persona che fa il malocchio _____ .
   a. ha un brutto occhio
   b. vuole fare una stregoneria
   c. ha un dolore ad una gamba
   d. prepara una minestra per Natale

3. Il pandoro è _____ .
   a. una canzone napoletana
   b. una sagra invernale
   c. un contorno tipico di Pasqua
   d. un dolce tradizionale natalizio

4. La sfilata è _____ .
   a. un gesto per portare sfortuna
   b. un amuleto
   c. una presentazione
   d. un dolce di Pasqua

5. Il torrone è _____ .
   a. una salsa
   b. una danza folklorica
   c. un dolce
   d. il mondo soprannaturale

6. Fare le corna significa _____ .
   a. fare un gesto di scaramanzia
   b. raccontare una favola
   c. preparare la colomba
   d. tramandare i costumi

Copyright © Houghton Mifflin Company. All rights reserved.

D. A che cosa credi? Segna le cose a cui credi. Poi scegline una e spiega perché ci credi. Se non credi a niente, spiega perché.

❑ la scaramanzia   ❑ il malocchio

❑ il chiromante   ❑ l'oroscopo

❑ il gesto di toccare ferro   ❑ l'amuleto

_____

_____

_____

_____

_____

_____

E. Mini-conversazioni. Completa le seguenti mini-conversazioni usando la parola corretta.

amuleto   malocchio   scaramantico   stagionale
chiromante   Natale   scongiurare   tocchi ferro
gesto   porterà fortuna soprannaturale   tradizioni

MINI-CONVERSAZIONE 1

BRUNO: Che bell'_____[1]!

MONICA: Grazie. Me l'ha regalato mia nonna per_____[2]. Ha detto che

          mi _____[3] sempre.

BRUNO: Spero di sì! È stato un _____[4] molto generoso.

MONICA: Mia nonna è così e poi lei vuole sempre rispettare le _____[5]

          della nostra famiglia.

BRUNO: Sei fortunata ad avere una nonna così!

MINI-CONVERSAZIONE 2

MARIA: Dai! Vieni con me dal _____[6].

ISABELLA: Ma sei matta! Non credo al _____[7].

MARIA: Non ci devi credere. Puoi _____[8] il malocchio lo stesso!

ISABELLA: No. Basta che io _____[9] e tutto andrà bene!

Copyright © Houghton Mifflin Company. All rights reserved.

GRAMMATICA & CO.

F. Superstizioni. Completa le seguenti frasi con il passato remoto dei verbi tra parentesi.

1. Una vecchia chiromante gli _____ (leggere) la mano nella sua tenda.

2. Tu _____ (predire) il futuro a mio padre.

3. Quando il gatto nero vi _____ (attraversare) la strada, (voi)

   _____ (fermarsi) e _____ (scendere) dall'auto.

4. Io _____ (rompere) quello specchio mentre cercavo di pulirlo.

5. Io e Giorgio _____ (passare) sotto una scala e subito dopo un vaso di fiori ci

   _____ (cadere) in testa.

6. Marco e Lucia non _____ (venire) al cinema con noi perché era venerdì 17.

7. Mauro _____ (comprare) il giornale per leggere l'oroscopo.

8. Voi _____ (rovesciare) il sale e _____ (fare) le corna per
   scaramanzia.

G. Un po' di Pinocchio. Leggi il seguente brano e sottolinea tutti i verbi al passato remoto che trovi. Poi, scrivi l'infinito dei verbi che hai sottolineato.

Geppetto abitava da solo in una casa semplice e povera, non aveva divertimenti e si sentiva spesso triste. Per questo, un bel giorno, decise di fabbricare un burattino. Lui prese un pezzo di legno e cominciò a lavorare. Geppetto fece gli occhi al burattino, e poi dipinse il naso e la bocca. Subito il naso si mise a crescere e diventò lunghissimo. Il burattino mostrò la lingua e disse: «Geppetto, sei brutto!» Quello fu il giorno in cui nacque Pinocchio.

1. _____   7. _____

2. _____   8. _____

3. _____   9. _____

4. _____   10. _____

5. _____   11. _____

6. _____

Copyright © Houghton Mifflin Company. All rights reserved.

H. Le bugie hanno le gambe corte. Completa questa favola con la forma corretta del passato remoto o dell'imperfetto dei verbi tra parentesi.

C'_____era_____[1] (essere) una volta un giovane che ___si chiamava___[2] (chiamarsi)

Pierino e ___passava___[3] (passare) tutto il suo tempo a far pascolare le mucche sulle

montagne. Purtroppo la vita solitaria lo_____[4] (annoiare) moltissimo. Un giorno

più lungo degli altri, Pierino _____[5] (decidere) di fare uno scherzo agli abitanti del

suo paese. Lui _____[6] (correre) giù dalla montagna e _____[7]

(gridare): «Al lupo! Al lupo!» Tutti gli abitanti del villaggio _____[8] (andare)

incontro a Pierino e gli _____[9] (chiedere): «Dov'è? Dov'è?» Quando Pierino

_____[10] (mettersi) a ridere, i poveri abitanti _____[11] (capire) che

non _____[12] (esserci) nessun lupo e _____[13] (tornare) a lavorare. Il

giorno dopo però, un lupo _____[14] (arrivare) veramente sulla montagna di Pierino.

Lui lo _____[15] (vedere) e _____[16] (urlare) ancora con tutta la sua

voce: «Al lupo! Al lupo!» Ma gli abitanti, pensando allo scherzo del giorno prima, non

_____[17] (credere) alle urla di Pierino che sfortunatamente _____[18]

(finire) per essere mangiato dal lupo.

I. Tradizioni. Completa le seguenti situazioni in maniera logica utilizzando il trapassato remoto.

1. Mangiarono il tacchino dopo che lui _____

_____

2. Accesi le candele quando _____

_____

3. Il bambino trovò le uova dopo che _____

_____

4. Io e Gino cantammo delle canzoni natalizie non appena _____

_____

Copyright © Houghton Mifflin Company. All rights reserved.

5. Andarono alla festa in maschera non appena _____

_____

6. Babbo Natale partì dal Polo Nord quando _____

_____

7. Metteste i regali sotto l'albero di Natale non appena _____

_____

8. Aprirono il panettone quando _____

_____

J. Prima e dopo.   Unisci le due azioni creando un'unica frase usando il passato remoto e il trapassato, secondo l'esempio.

> **ESEMPIO:**   Azione 1: lui / pagare la chiromante (dopo che)
> Azione 2: la chiromante / leggergli la mano
> **Pagò la chiromante dopo che gli ebbe letto la mano.**

1. Azione 1: loro / arrabbiarsi (dopo che)
Azione 2: lei / rompere lo specchio

_____

2. Azione 1: lei / vedere un gatto nero (non appena)
Azione 2: noi / uscire di casa

_____

3. Azione 1: io / scegliere le città da visitare (dopo che)
Azione 2: lei / dirmi le sue preferenze

_____

4. Azione 1: il naso / crescere (non appena)
Azione 2: lui / finire di dire la prima bugia

_____

5. Azione 1: tu / partecipare alla festa (dopo che)
Azione 2: loro / invitarti a restare

_____

6. Azione 1: lei / andarsene (quando)
Azione 2: loro / chiarire la loro posizione

_____

Copyright © Houghton Mifflin Company. All rights reserved.

K. Una favola da un punto di vista differente. Completa il seguente brano con la forma corretta del passato remoto, imperfetto o trapassato remoto dei verbi tra parentesi.

Ciao, ragazzi... Sono il lupo e voglio raccontarvi una storia. Un giorno mentre _____[1]

(camminare) tranquillamente per il bosco _____[2] (cominciare) a sentire un

buon profumo di prosciutto e formaggio che _____[3] (venire) dal sentiero (*path*). Io

_____[4] (nascondersi) e _____[5] (vedere) una bambina

vestita di rosso con un cestino da picnic. In quel momento _____[6] (decidere) di

uscire e presentarmi. Dopo che la bambina mi _____[7] (dire) il suo nome,

mi _____[8] (chiedere) se _____[9] (desiderare) mangiare con lei e così

noi _____[10] (sedersi) sotto una bella pianta. E _____[11]

(essere) proprio allora che io _____[12] (rendersi) conto che un cacciatore (*hunter*) mi

_____[13] (stare) guardando con un fucile (*rifle*) in mano. Dopo che lo

_____[14] (caricare) (*to load*), il cacciatore _____[15] (sparare)

e io _____[16] (scappare). Quindi se avete sentito una storia differente, sappiate che

sono tutte bugie. Io sono un lupo buonissimo che vuole bene a tutti! (Eccetto ai cacciatori e ai

bambini bugiardi!!!)

L. L'ultimo Carnevale di Viareggio. Completa il seguente paragrafo con l'aggettivo o il pronome indefinito corretto.

Elena e Marco si sono divertiti _____[1] (qualche / alcuni) giorno fa al Carnevale di

Viareggio. Alla sfilata c'erano _____[2] (qualsiasi / parecchie) persone e

_____[3] (tutti / ciascuno) sembravano felici. C'erano anche _____[4]

(qualche / diversi) giornalisti e fotografi, perché, dopo Venezia, il Carnevale di Viareggio è quello

più importante d'Italia. _____[5] (Ognuno / Ogni) carro (*float*) aveva un tema

differente e su _____[6] (tutti / qualche) c'erano persone che cantavano e ballavano.

_____[7] (Qualsiasi / Qualcuno) pensa che il Carnevale sia una festa per bambini,

ma l'ironia e il sarcasmo dei temi dei carri è una cosa che può piacere a _____[8]

(chiunque / qualunque), grande o piccino che sia.

Copyright © Houghton Mifflin Company. All rights reserved.

M. Io non ci credo! Completa il seguente brano con uno degli aggettivi o pronomi indefiniti offerti qui sotto.

alcuni	nessuno	ogni	poco
altri	niente	parecchie	qualsiasi

Gli italiani non sono superstiziosi! È vero che _____[1] credono che i gatti neri portino

sfortuna e che _____[2] non passano sotto le scale o che _____[3] persone

portano amuleti, ma dire che tutti sono superstiziosi non è _____[4] di più che uno

stereotipo. È anche vero che _____[5] stereotipo contiene un _____[6] di

verità, ma non credo che gli italiani siano più superstiziosi di _____[7] altra nazione.

Per esempio, _____[8] nella mia famiglia ha paura dei gatti neri: ne abbiamo undici!

N. Che belle, le favole! In questo capitolo hai sentito parlare di racconti e favole. Raccontane qui una breve utilizzando il passato remoto, l'imperfetto e alcuni degli elementi forniti qui sotto.

un bambino	un fuoco	un principe	una strega
un castello	un gatto	una principessa	un talismano

_____

_____

_____

_____

_____

_____

_____

_____

Copyright © Houghton Mifflin Company. All rights reserved.

C A P I T O L O 7

Italia on-line?

LESSICO.EDU

A. Quanto spesso? Segnala con quale frequenza fai le seguenti attività o ti succedono i seguenti fatti con le nuove tecnologie.

attività	spesso	qualche volta	raramente	mai
1. stampi pagine a colori				
2. usi lo scanner				
3. prendi un virus				
4. cambi cartuccia				
5. sbagli pulsante				
6. giochi ai videogiochi				
7. scarichi un documento				
8. perdi il dischetto				
9. invii email				
10. navighi su Internet				

B. Cosa farai la prossima settimana? In base alle risposte date in esercizio A, scrivi almeno tre frasi spiegando quello che farai la prossima settimana.

ESEMPIO: **La prossima settimana cambierò cartuccia.**

1. _____

   _____

2. _____

   _____

3. _____

   _____

Copyright © Houghton Mifflin Company. All rights reserved.

C. Con un po' di tempo libero, io farei... Forma sei frasi con le seguenti parole spiegando cosa faresti, quando e dove.

ESEMPIO: cartuccia
Comprerei la cartuccia su Web perché costa meno.

1. scaricare

   _____

2. la chat room

   _____

3. stampare

   _____

4. il sito

   _____

5. il telefonino

   _____

6. il motore di ricerca

   _____

D. Il portatile. Vai in un negozio per comprare un portatile. Il commesso vuole sapere per quali cose vorrai usarlo. Scegliendo dal vocabolario qui sotto, spiegagli minimo sei usi che ne farai e perché.

la chat	il motore di ricerca	scrivere al computer
il documento	navigare su Internet	il sito
l'email	scaricare	il videogioco

ESEMPIO: navigare su Internet
Navigherò su Internet per trovare informazioni per il mio corso di biologia.

1. _____

   _____

2. _____

   _____

3. _____

   _____

4. _____

   _____

Copyright © Houghton Mifflin Company. All rights reserved.

5. _____

_____

6. _____

_____

E. Mini-conversazioni. Completa le seguenti conversazioni usando la parola corretta.

cercapersone	Internet Train	rete	stampare
cliccare	inviare	si blocca	telefonino
dischetto	navigare	schermo	virus
documento	pulsante		

MINI-CONVERSAZIONE 1

GIULIA: Marco, ho bisogno di _____ [1] questo documento. Ho qui il

_____ [2]. Ci metterò poco ma devo spedirlo questo pomeriggio.

Quando avrai finito?

MARCO: Il problema è che ogni volta che apro questo _____ [3], il computer

_____ [4] e devo spegnerlo.

GIULIA: Non sono buone notizie. Credi che ci sia un _____ [5]?

MARCO: Spero proprio di no. Ma se hai bisogno di quel documento, ti suggerirei di andare

all'_____ [6] e stamparlo là.

GIULIA: Va bene. A dopo.

MINI-CONVERSAZIONE 2

MATTEO: Ho sentito squillare il tuo _____ [7].

LUCIA: Hai ragione ma ho premuto il _____ [8] sbagliato ed ho perso la linea.

MATTEO: Io non ho un telefonino. Preferisco un _____ [9] così posso parlare quando

mi è opportuno.

LUCIA: Io, invece, fra poco mi comprerò un Palm Pilot così potrò _____ [10] in rete

e _____ [11] e ricevere email.

MATTEO: Sarà impossibile leggere l'email con lo _____ [12] così piccolo.

LUCIA: Non credo di avere problemi. Ci vedo benissimo!

Copyright © Houghton Mifflin Company. All rights reserved.

GRAMMATICA & CO.

F. Dove, come, quando... Rispondi alle seguenti domande con il futuro di probabilità dei verbi suggeriti nelle varie situazioni.

ESEMPIO: Che ore sono? (le 12,00) → **Non so, saranno le 12,00.**

1. Dove vai stasera? (all'Internet Café)

_____

2. Quanto ci vuole a scaricare quel documento? (dieci minuti)

_____

3. Quando lanciano il nuovo telefonino che manda messaggi email? (fra sette mesi)

_____

4. Chi specifica i limiti delle pubblicità on-line? (la commissione di controllo)

_____

5. Su che motore di ricerca cercano le informazioni i ragazzi? (Yahoo Italia)

_____

6. Perché la stampante non funziona? (manca la cartuccia)

_____

7. Tu e Giovanni dovete sempre salvare i documenti su dischetto? (anche sul disco fisso)

_____

8. Gli anziani fanno fatica ad usare i computer? (sempre meno)

_____

G. Un po' di pazienza! Completa le seguenti situazioni in maniera logica utilizzando il futuro anteriore.

1. Gli risponderò dopo che lui _____

_____

2. Accenderemo la stampante quando _____

_____

3. Il terzo mondo comincerà ad usare la tecnologia dopo che _____

_____

Copyright © Houghton Mifflin Company. All rights reserved.

4. Tu e Gisella comprerete il telefonino non appena _____

_____

5. I bambini impareranno ad usare i computer a scuola quando _____

_____

6. Le scoperte scientifiche saranno più accessibili quando _____

_____

7. Installeranno il modem non appena _____

_____

8. Il cercapersone sarà obbligatorio quando _____

_____

H. Sogni su Web.   Completa questo dialogo con il futuro semplice o anteriore dei verbi forniti a seconda dei casi.

GABRIELLA: Scommetto che se io _____¹ (comprare) questo

computer _____² (diventare) ricchissima. Quando

_____³ (finire) di costruire il mio sito Web,

_____⁴ (esserci) milioni di persone che

_____⁵ (volere) avere accesso alle mie pagine ed

io non _____⁶ (dovere) più vivere in questa misera

casetta e mi _____⁷ (comprare) una bella villetta. Poi, non

appena il mio sito _____⁸ (raggiungere) i cinque milioni

di abbonati, io e il mio fidanzato _____⁹ (vendere) tutto a

qualche grande compagnia e _____¹⁰ (andare) a vivere in

Sardegna.

PIERGIACOMO: Scusami, Gabriella, ma cosa pensi di vendere?

GABRIELLA: Ma come? La mia dieta segreta, no? Venti chili in tre mesi. Sono sicura che

quest'idea _____¹¹ (piacere) a moltissime persone.

PIERGIACOMO: Posso solo dirti in bocca al lupo! Ma, sicuramente, io non

_____¹² (essere) un tuo cliente!

Copyright © Houghton Mifflin Company. All rights reserved.

I. Chi? Trasforma le seguenti frasi usando il pronome relativo **chi** e facendo tutti i cambiamenti necessari.

> ESEMPIO: Le persone che studiano informatica hanno più possibilità di trovare un lavoro.
> **Chi studia informatica ha più possibilità di trovare un lavoro.**

1. Quelli che comprano on-line rischiano di rivelare informazioni privilegiate.

   _____

2. Le persone che impareranno a disegnare pagine Web avranno successo nel mondo tecnologico.

   _____

3. Le persone che rispondono in ritardo agli email o sono molto impegnate o sono maleducate.

   _____

4. Io non capisco le persone che si sono rifiutate di introdurre il sistema informatizzato nelle scuole.

   _____

5. Secondo voi, quelli che si rivolgono alle chat-line lo fanno perché si sentono soli?

   _____

6. Tu e Carla promuoverete le persone che venderanno il maggior numero di software.

   _____

7. Ilaria e Rosa non approvavano quelli che spendono molti soldi nei videogiochi.

   _____

8. Quelli che usano il cellulare a teatro disturbano gli altri.

   _____

J. Problemi moderni. Collega le seguenti frasi usando **che** o **cui** eventualmente preceduti da una preposizione o articolo definito.

1. Marcello non sa usare la mia telecamera digitale. Marcello preferisce la sua vecchia macchina fotografica.

   _____

   _____

2. Il programma per proteggersi dai virus è fondamentale per la sicurezza dei documenti. Il suo nome è Norton.

   _____

   _____

Copyright © Houghton Mifflin Company. All rights reserved.

3. Questa è la caratteristica delle stampanti laser. Conto su questa caratteristica per avere documenti stampati perfettamente.

_____

_____

4. Il masterizzatore (*CD burner*) è un accessorio dei computer. Si possono duplicare i CD-ROM con il masterizzatore.

_____

_____

5. Finalmente ho trovato il programma di scrittura WordPerfect. Avevo bisogno di questo programma.

_____

_____

6. Power Point serve a realizzare presentazioni interattive. Molti relatori lo usano.

_____

_____

7. I nonni non capiscono il senso dei videogiochi. Questa cosa lascia perplessi i nipoti.

_____

_____

K. Che cosa faresti tu? Risolvi le seguenti situazioni con una frase al condizionale presente.

ESEMPIO: La macchina si rompe. → **La porterei dal meccanico.**

1. La connessione ad Internet non funziona.

_____

2. La stampante stampa solo in bianco e nero.

_____

3. Hai ricevuto un email con un virus.

_____

4. Il cellulare ha la batteria scarica.

_____

Copyright © Houghton Mifflin Company. All rights reserved.

5. Hai scritto un articolo on-line ma qualcuno l'ha pubblicato sul giornale senza il tuo permesso.

_____

6. Il tuo amico non conosce l'indirizzo della pagina Web della tua università.

_____

7. Vuoi mandare le fotografie del tuo matrimonio ad un amico di una chat-line.

_____

8. Lo schermo del computer è diventato tutto nero.

_____

L. Con gentilezza. Trasforma le seguenti frasi utilizzando il condizionale presente al posto dell'imperativo per trasformare degli ordini in gentili richieste.

ESEMPIO: Portami il dischetto stasera! → **Mi porteresti il dischetto stasera?**

1. Dottore, accenda il cercapersone quando è fuori dall'ospedale!

_____

2. Marco, spegni il computer ogni volta che finisci di lavorare!

_____

3. Signori Fontana, comprino quel computer!

_____

4. Smetti di giocare con quel videogioco!

_____

5. Vammi a comprare due cartucce per la stampante!

_____

6. Diteci che cosa avete appena stampato!

_____

7. Venite all'Internet Café con noi!

_____

8. Signorina, traduca il documento che è appena arrivato via fax!

_____

Copyright © Houghton Mifflin Company. All rights reserved.

M. Un email. Completa il seguente brano con la forma corretta del condizionale passato dei verbi tra parentesi.

Cara Patrizia,

ti scrivo questo email perché non sono riuscita a parlare con te. Ti _____[1]

(telefonare / io) ma la batteria del mio cellulare era scarica. _____[2]

(potere / tu) venire con me alla festa di laurea di Vincenzo e noi due _____[3]

(ballare) in quella nuova discoteca all'aperto di cui ti ho parlato. Le nostre compagne di classe mi

avevano detto che _____[4] (esserci) molti ragazzi di Milano e che

Vincenzo _____[5] (offrire) una magnifica torta gelato a mezzanotte. So

che non _____[6] (volere / tu) mancare per nulla al mondo e che tu e Nicola

_____[7] (prendere) anche un aereo per non perderla. Non so se

_____[8] (dovere / io) dirtelo ora che è troppo tardi, ma non è stata colpa

mia se non sono riuscita a parlarti prima.

Scrivimi presto!

Ciao

Luisa

N. Ha detto che... Trasforma le seguenti frasi, usando il condizionale passato.

ESEMPIO: Non comprerò mai un telefonino.
Ha detto che non avrebbe mai comprato un telefonino.

1. Non userà mai l'email.

   _____

2. Batterà sempre a macchina e non scriverà al computer.

   _____

3. Si comunicheranno le nuove scoperte tramite l'email.

   _____

4. Cercherò una nuova stampante.

   _____

Copyright © Houghton Mifflin Company. All rights reserved.

5. Navigheremo nel sito fino a quando non troveremo l'informazione.

_____

6. Andranno all'Internet Train per mandare il fax.

_____

7. Passeranno ore a giocare ai videogiochi.

_____

8. Tornerò dal laboratorio alle 5,00.

_____

O. Viva la tecnologia!   Con cinque o sei frasi, descrivi come sarebbe la tua vita e quella delle altre persone se non esistesse Internet. Usa il condizionale presente o passato per esprimere le tue ipotesi.

_____

_____

_____

_____

_____

_____

_____

_____

Copyright © Houghton Mifflin Company. All rights reserved.

CAPITOLO 8
Fratelli d'Italia?

LESSICO.EDU

A. La tua reazione. Leggi ogni affermazione e indica se secondo te è vera (V) o falsa (F).

1. _____ Il problema della tossicodipendenza è un problema mondiale.

2. _____ I prodotti usa-e-getta dovrebbero essere aboliti.

3. _____ Ci sono abbastanza centri di accoglienza per i senzatetto.

4. _____ È importante che tutti si impegnino nel volontariato.

5. _____ Il riciclaggio è essenziale.

6. _____ I politici spendono troppo per migliorare la vita dei carcerati.

7. _____ Il governo italiano si impegna ad aiutare gli immigrati.

8. _____ Gli animalisti sono estremisti.

B. Il tuo commento. Ora, usa il congiuntivo per commentare alcune delle tue scelte nell'esercizio A.

ESEMPIO: **Credo che il problema della tossicodipendenza sia un problema dei paesi industrializzati mentre altri paesi hanno più problemi di sopravvivenza.**

1. _____

_____

2. _____

_____

3. _____

_____

Copyright © Houghton Mifflin Company. All rights reserved.

C. È bene che... Completa le frasi con le parole date e il congiuntivo, esprimendo le tue opinioni.

l'adozione	la beneficienza	l'inquinamento
l'ambientalista	il bisognoso	il volontario
l'analfabetismo	il canile	

1. Sono felice che _____

_____

2. Mi sorprende che _____

_____

3. È orribile che _____

_____

4. È fantastico che _____

_____

5. Spero che _____

_____

6. È raro che _____

_____

D. Il più ed il meno importante. Molti problemi esistono nel mondo. Leggi la seguente lista e poi metti i problemi in ordine numerico dal più importante (1) al meno importante (8) dal tuo punto di vista.

a. _____ il buco nella fascia dell'ozono   **e.** _____ il razzismo

b. _____ l'analfabetismo   **f.** _____ la fame

c. _____ la mancanza di case per i poveri   **g.** _____ la droga

d. _____ l'immigrazione   **h.** _____ l'inquinamento

E. Il governo interviene... Spiega che cosa dovrebbe fare il governo per aiutare a migliorare il problema più serio che hai segnalato.

_____

_____

_____

_____

_____

_____

_____

Copyright © Houghton Mifflin Company. All rights reserved.

Nome _____ Corso _____ Data _____

GRAMMATICA & CO.

F. Identikit del volontario. In base alle immagini scrivi in quale campo del volontariato pensi che le varie persone che vedi siano impegnate. Inizia le frasi utilizzando **Penso che** o **Credo che**.

1. _____

2. _____

3. _____

4. _____

5. _____

G. Dammi una mano! Completa la conversazione con i verbi dati al congiuntivo presente o passato.

CLARA: Allora, Fredo, sei andato a fare il corso di restauro ai carcerati?

FREDO: Certo, ho cominciato proprio ieri con il mio secondo corso. Mi auguro che

_____[1] (essere) un successo come l'anno scorso. I ragazzi insistono che io

Copyright © Houghton Mifflin Company. All rights reserved.

_____² (fare) una presentazione sui libri antichi ma è quasi impossibile

che io _____³ (ottenere) il permesso dalla biblioteca di portare libri

preziosi all'interno del carcere.

CLARA: Mi sembra che i responsabili _____⁴ (potere) fidarsi di te e mi pare

anche che in tutti questi mesi non _____ mai _____⁵ (succedere) niente

di grave.

FREDO: Dubito che _____⁶ (capire / loro) le necessità dei detenuti. Non penso

che molti _____⁷ (conoscere) la realtà del carcere e non sono sicuro che

la gente comune _____ ancora _____⁸ (accettare) il fatto che l'unico

modo per riabilitare è insegnare ai detenuti a lavorare e ad essere indipendenti dopo aver

ottenuto la libertà.

CLARA: Sono d'accordo e forse posso darti una mano. Suppongo che il direttore non

_____⁹ (opporsi) se io procuro i libri per il corso; ne ho alcuni che non

sono molto preziosi ma che sono perfetti per l'uso che ne vuoi fare.

FREDO: Grazie mille, sei una vera amica!

H. Come si fa! Forma delle frasi usando l'espressione impersonale data e la situazione tra parentesi usando il congiuntivo o l'infinito a seconda dei casi.

ESEMPIO: È difficile (i giovani)
È difficile che i giovani si impegnino in politica.

1. È impossibile (in una società moderna)

_____

2. È incredibile (gli immigrati)

_____

3. È strano (il riciclaggio)

_____

4. È improbabile (i politici)

_____

5. È bene (i cittadini)

_____

Copyright © Houghton Mifflin Company. All rights reserved.

6. È opportuno (i senzatetto)

_____

7. Si dice (l'effetto serra)

_____

8. È raro (le persone svantaggiate)

_____

I. Alcuni problemi. Completa le frasi con la forma corretta del congiuntivo imperfetto o trapassato.

1. Credevano che noi _____ (essere) pronti a trasferire gli anziani alla casa di cura.

2. Erano felici che la scorsa settimana molta gente _____ (riuscire) a pulire il giardino pubblico.

3. Non dubitavo che dieci anni fa a Milano si _____ (soffrire) a causa dell'inquinamento, ma il Comune ha fatto molto per migliorare la situazione.

4. Volevo che lui _____ (venire) con me al canile a sistemare le gabbie.

5. Pensavi veramente che gli ecologisti _____ (riuscire) a fermare la distruzione della foresta Amazzonica all'inizio degli anni Ottanta?

6. Vorrei che i senzatetto nel parco _____ (avere) abbastanza provviste.

7. Era probabile che loro _____ (guarire) dall'infezione con delle cure appropriate.

8. Speravano che gli alcolisti _____ (smettere) di bere.

J. Volontari cercasi. Completa il brano seguente con i modi corretti dei verbi forniti (congiuntivo, indicativo, di + *infinito*).

L'associazione volontaria studenti cerca persone disposte a collaborare al programma di corsi di lingua per bambini nomadi presenti nel campo di accoglienza nella zona sud della città.

È essenziale che i volontari _____ [1] (dare) la loro disponibilità per almeno due

settimane consecutive e che _____ già _____ [2] (superare) il colloquio

preliminare con gli assistenti sociali. La nostra associazione spera _____ [3]

(alfabetizzare) il maggior numero di bambini per poi inserirli nella scuola dell'obbligo.

Sarebbe opportuno che il candidato _____ [4] (presentare) buone doti creative e che

_____ già _____ [5] (occuparsi) di bambini disagiati.

Copyright © Houghton Mifflin Company. All rights reserved.

Siamo sicuri che _____ 6 (trattarsi) di un'esperienza molto gratificante soprattutto per giovani attivi e estroversi.

È importante che voi _____ 7 (telefonare) al più presto allo 0679-932346 o

_____ 8 (scrivere) all'indirizzo studenti@VIVA.it!

K. E se...? Collega le seguenti frasi ipotetiche in maniera logica, facendo attenzione ai modi e ai tempi verbali.

1. _____ Se ci fossero state leggi più severe contro le discariche abusive, ...	**a.** salvi molte vite umane.
2. _____ Se non passa la legge sulla vivisezione, ...	**b.** mia madre mi diceva di pensare ai bambini meno fortunati che hanno fame.
3. _____ Se aveste più tempo libero, ...	**c.** le attrezzature per il nuovo reparto di chirurgia non potranno essere acquistate.
4. _____ Il programma di recupero dei tossicodipendenti non avrebbe successo, ...	
	d. al giorno d'oggi non dovremmo preoccuparci dell'inquinamento delle acque.
5. _____ Da bambina se non volevo mangiare, ...	**e.** vorreste adottare degli anziani soli?
6. _____ Iscriviti all'AVIS! Se doni il sangue, ...	**f.** gli animali randagi saranno ancora usati negli esperimenti.
7. _____ Se i fondi per l'ospedale dei bambini non arriveranno in tempo, ...	**g.** renderebbero obbligatorio il servizio civile.
8. _____ Se i politici fossero veramente interessati ai problemi sociali, ...	**h.** se tanti volontari non prestassero servizio.

L. Solo ipotesi? Completa le frasi ipotetiche rispettando le correlazioni tra i tempi e i modi.

1. Se non si sprecasse tanta energia, ...

_____

2. ... lo avrei portato al rifugio del cane.

_____

3. Se il Fondo Monetario Internazionale avesse investito più soldi nella ricerca, ...

_____

4. ... non ci saremmo preoccupati.

_____

5. Se riciclate la plastica, ...

_____

Copyright © Houghton Mifflin Company. All rights reserved.

6. ... il petrolio non sarebbe così importante.

_____

7. Se fossi un immigrato, ...

_____

_____

8. ... non ne avevo paura.

_____

M. Il tuo servizio alla comunità.   Hai mai partecipato ad un'organizzazione che lavora in campo sociale? In quale tipo di organizzazione di volontariato desideresti impegnarti? Pensi che sia (o sia stata) un'esperienza positiva? Scrivi un breve paragrafo utilizzando il congiuntivo.

_____

_____

_____

_____

_____

_____

_____

_____

_____

_____

Copyright © Houghton Mifflin Company. All rights reserved.

C A P I T O L O 9

Tutti in passerella?

LESSICO.EDU

A. Definizioni. Abbina il vocabolo con la definizione giusta.

1. _____ le mutande
2. _____ lo smoking
3. _____ il sarto
4. _____ l'armadio
5. _____ cucire
6. _____ spogliarsi
7. _____ la pelliccia
8. _____ i collant

a. mettere insieme due pezzi di stoffa usando un filo e un ago
b. calze femminili spesso di seta o nylon
c. cappotto realizzato con il mantello di un animale
d. grande mobile usato per tenere vestiti
e. togliersi i vestiti
f. indumenti da indossare sotto gli abiti
g. chi fa vestiti su misura
h. abito maschile da sera

B. Cosa indosseresti? Metti i capi d'abbigliamento nella categoria giusta.

bretelle gialle e viola
calze a righe arancioni e blu
camicia a fiori
completo

cravatta a farfalla
jeans
maglietta
pelliccia

sciarpa di seta
smoking
tailleur
vestito da sera

per andare ad una cena da un amico	per andare ad una cena elegante

Copyright © Houghton Mifflin Company. All rights reserved.

C. Quale materiale? Abbina il capo d'abbigliamento con la stoffa più logica. Potrebbe esserci più di una possibilità.

1. _____ calzoncini		**a.** camoscio
2. _____ collant		**b.** cotone
3. _____ costume da bagno		**c.** lana
4. _____ giacca		**d.** pelle
5. _____ scarpe		**e.** acrilico
6. _____ maglietta		**f.** poliestere
7. _____ maglione		**g.** seta
8. _____ vestito da sera		**h.** velluto

D. Indovina la parola. Completa con la parola che meglio descrive la frase.

l'abito	la marca	il sarto	la sfilata
l'armadio	il numero	lo sconto	lo spogliatoio
l'indossatrice	il saldo		

1. Il commesso te lo chiede quando vuoi provare le scarpe: _____ .

2. Un completo con questa costerà molto di più: _____ .

3. Con questo puoi comprare il vestito a buon mercato: _____ .

4. Guardiamo questa per conoscere i nuovi modelli: _____ .

5. Alla fine delle stagioni, i negozi hanno questo: _____ .

6. Le modelle si cambiano qui: _____ .

E. Mini-conversazioni. Completa le seguenti mini-conversazioni usando la parola corretta.

armadio	indossare	pantaloni	sfilata
calzoncini	jeans	pigiama	stivali
costumi da bagno	maglione	saldi	tailleur
cravatta	marche	scarponi (*mountain boots*)	vestiti

MINI-CONVERSAZIONE 1

MIRELLA: Paola, perché non mi accompagni stasera alla _____[1]? Ho un biglietto

in più e promette di essere una serata divertente. Ci saranno tutti i nuovi

_____[2] per quest'estate. Così potremo prepararci per il mese al

mare in agosto!

PAOLA: Vorrei tanto venire ma non ho niente da _____[3]. Non si può andare senza

essere vestiti bene.

MIRELLA: Mettiti quel _____[4] rosso che ti sta così bene.

PAOLA: È vecchio.

MIRELLA: Dai! È classico. Nessuno lo saprà.

PAOLA: Va bene, mi hai convinto.

Copyright © Houghton Mifflin Company. All rights reserved.

MINI-CONVERSAZIONE 2

ANNA: Elisa, andiamo in centro. I _____[5] sono cominciati ieri e se vogliamo

trovare dei bei _____[6], bisogna andare mentre c'è ancora qualcosa da

comprare.

ELISA: Hai ragione! I negozi sono sempre pieni zeppi: tutti vogliono vestiti firmati e cercano le

loro _____[7] preferite.

ANNA: Va bene. Andiamo!

MINI-CONVERSAZIONE 3

BEPPE: Ehi, Mancini, prepariamo lo zaino per andare in campeggio.

FRANK: Cosa devo portare?

BEPPE: Poco. È la cosa più bella del campeggio. Un paio di _____[8], un

_____[9] per la sera se fa freddo e dei begli _____[10] se per

caso piovesse.

FRANK: Non porti il _____[11] per dormire?

BEPPE: No. Dormo vestito. Tanto saranno soli due giorni!

FRANK: Se lo dici tu!

GRAMMATICA & CO.

F. Era l'unico...   Completa le seguenti frasi con la forma corretta del congiuntivo.

1. Non c'è nessuno stilista che _____ (identificarsi) con un
colore particolare.

2. È il più bel mensile di moda che noi _____ (mai / leggere).

3. Lucia è la sola persona che non _____ (portare) quei jeans.

4. È il solo stilista che _____ (capire) i gusti del pubblico.

5. È l'indossatrice più bella che loro _____ (mai / vedere).

6. Era l'abito da sera più caro che lei _____ (mai / indossare).

7. Ho comprato l'unico costume da bagno che non _____
(costare) un occhio della testa.

8. È riuscito a scegliere la sola cravatta che non gli _____
(stare) bene.

Copyright © Houghton Mifflin Company. All rights reserved.

G. Apparire ad ogni costo. Completa l'intervista con i verbi dati al congiuntivo o all'indicativo, facendo attenzione alla concordanza dei tempi.

GIORNALISTA: Oggi siamo qui a Milano per la presentazione delle nuove collezioni Primavera-

Estate 2003 e sebbene _____1 (fare) molto freddo le

modelle sfilano in costume da bagno. Signorina Evangelisti, ma come fate?

MODELLA: Questa è la vita delle modelle. Si sfila sempre con almeno due mesi di anticipo sulla

stagione da presentare. Credo che il mio primo servizio fotografico, cinque anni fa,

_____2 (essere) una presentazione di pellicce su una

spiaggia tropicale. Immagini che caldo! Ma gli stilisti si aspettavano che noi

_____3 (apparire) sempre perfettamente a nostro agio.

E questo non è l'unico sacrificio che si _____4 (dovere)

fare per affermarsi nel mondo della moda.

GIORNALISTA: Le sembra che ne _____5 (valere) la pena? Cosa spinge

tante ragazze e ragazzi a cercare fortuna in un mondo così concentrato sull'apparire

e sull'aspetto fisico?

MODELLA: Dubito che il grande pubblico _____6 (sapere) tutti i

retroscena di questa carriera. Comunque è una professione che

_____7 (dare) molte soddisfazioni: celebrità, sicurezza

economica e la possibilità di entrare in un mondo sofisticato e di classe.

GIORNALISTA: Per quanto tempo _____8 (lavorare / Lei) nel mondo della

moda?

MODELLA: _____9 (cominciare / io) quando

_____10 (avere / io) 15 anni.

GIORNALISTA: Nonostante lei _____11 (essere) così giovane, la potremmo

considerare una veterana della moda. Quindi, per concludere, che consiglio darebbe

ad una giovane che vuole intraprendere questa carriera?

MODELLA: Bisogna che loro _____12 (avere) pazienza e che

_____13 (impegnarsi) molto. Solo così riusciranno ad avere

successo!

Copyright © Houghton Mifflin Company. All rights reserved.

H. Di moda in moda. Scegli l'espressione adatta e completa le seguenti frasi.

affinché	malgrado	nel caso che	qualsiasi
benché	a meno che non	prima che	sebbene

1. I ragazzi di oggi per seguire la moda si fanno fare piercing e tatuaggi

_____, spesso, i genitori siano contrari.

2. Il sarto sarà disponibile per fare le modifiche richieste dal lunedì al giovedì

_____ ci sia una sfilata proprio in quei giorni.

3. Venite a vedere la collezione di Mariella Burani _____ finiscano
i saldi!

4. Lo abbiamo accompagnato in via Montenapoleone _____ potesse
vedere le vetrine più belle.

5. Portiamo un paio di stivali di gomma _____ domani piova.

6. Ho provato quei pantaloni _____ sapessi che non c'era la mia taglia.

7. Lei si taglierà i capelli _____ cosa tu dica.

8. La carriera di stilista è molto ambita _____ richieda molti sacrifici
ed una grande preparazione.

I. Cosa facciamo in certi casi. Completa le seguenti frasi a tuo piacere utilizzando il
congiuntivo, l'indicativo, il condizionale o l'infinito a seconda dei casi.

1. Se il negozio non avesse la mia taglia, io _____

_____

2. Quella cintura è troppo cara! Penso di _____

_____

3. Se vedo una ragazza con delle scarpe che mi piacciono moltissimo, io _____

_____

4. Vorresti che quel cappotto _____

_____

5. Se da bambino/a mia mamma mi comprava un vestito che non mi piaceva _____

_____

6. Indosserei quel completo purché _____

_____

Copyright © Houghton Mifflin Company. All rights reserved.

7. La moda giovane è la sola che _____

_____

8. In questo negozio non c'è nessuno che _____

_____

J. Per essere belli.   Guarda la vignetta e in base alle immagini scrivi che cosa si è fatto fare Fabio per prepararsi alla festa.

1. _____

2. _____

3. _____

4. _____

5. _____

Copyright © Houghton Mifflin Company. All rights reserved.

Nome _____ Corso _____ Data _____

K. Fare tendenza. Come vestirsi, come farsi belli, cosa mangiare e come arredare la casa seguendo le tendenze del momento. Forma delle frasi complete con gli elementi dati e quando possibile i pronomi.

> ESEMPIO: domani / io / farsi / tagliare i capelli
> **Domani me li farò tagliare.**

1. ieri / mia madre / lasciare / tingere i capelli di verde / io

   _____

2. fra dieci anni / i dietologi / lasciare / mangiare / cibi fritti / voi

   _____

3. i miei genitori / l'anno scorso / non fare / mettere / i pantaloni larghi da rapper / io

   _____

   _____

4. da bambino / io / non / lasciarsi / convincere / sui vestiti tradizionali

   _____

   _____

5. è difficile che i genitori / lasciare / fare / tatuaggi / i loro figli

   _____

6. l'anno scorso / loro / farsi / fare / i divani nuovi

   _____

7. domani / sua cugina / farsi / comprare / i gioielli

   _____

8. io / nel passato / lasciare / decidere / l'arredamento / mia moglie

   _____

Copyright © Houghton Mifflin Company. All rights reserved.

L. A chi lo fai fare?   Rispondi alle domande con i verbi causativi secondo le indicazioni date. Poi riscrivile usando i pronomi oggetto diretto e indiretto dove possibile.

> ESEMPIO: A chi hai fatto tradurre le tue relazioni? (mio padre)
>
> **Le ho fatte tradurre a mio padre.**
> **Gliele ho fatte tradurre.**

1. A chi hai lasciato portare i pantaloni a zampa d'elefante? (ai figli dei fiori)

   _____

   _____

2. A chi ho fatto pagare il conto del parrucchiere? (al mio fidanzato)

   _____

   _____

3. Da chi ha lasciato truccare la sua modella preferita? (dal truccatore delle stelle)

   _____

   _____

4. A chi avete fatto indossare i vostri vestiti vecchi? (a voi)

   _____

   _____

5. Da chi si sono fatti fare le scarpe su misura? (dal calzolaio)

   _____

   _____

6. A chi hai fatto cucire il tuo abito da sposo/a? (al sarto)

   _____

   _____

7. A chi abbiamo lasciato vedere le sfilate di Armani? (a te)

   _____

   _____

8. Da chi si è lasciato convincere a farsi fare un tatuaggio? (dai suoi amici)

   _____

   _____

Copyright © Houghton Mifflin Company. All rights reserved.

M. Vita da modelli. Oggi le modelle o i modelli sono personaggi famosi; spesso passano dalle passerelle al mondo del cinema o comunque hanno riconoscimenti mondiali. Molti ragazzi e ragazze vedono in questa carriera un modo per realizzare i propri sogni, nonostante solo pochi riescano ad affermarsi e al prezzo di molte rinunce e compromessi. Scrivi un breve paragrafo dove esprimi la tua opinione in proposito.

_____

_____

_____

_____

_____

_____

_____

_____

_____

_____

Copyright © Houghton Mifflin Company. All rights reserved.

C A P I T O L O **10**

Fortunato al gioco, sfortunato in amore?

LESSICO.EDU

A. Tabù. Definisci le parole seguenti evitando di usare le parole «tabù» tra parentesi.

1. **carte** (gioco, briscola, passatempo, partita)

_____

2. **Las Vegas** (divertimento, roulette, soldi, casinò)

_____

3. **cartomante** (futuro, chiromante, fortuna, carte)

_____

4. **cartella** (tombola, numeri, estrazione, vincere)

_____

5. **dado** (giocare d'azzardo, scommettere, tirare, cubo)

_____

6. **ambo** (due, numeri, casella, vincere)

_____

B. Le carte. Identifica le seguenti carte scrivendo il numero e il seme.

1. _____

2. _____

Copyright © Houghton Mifflin Company. All rights reserved.

3. _____

4. _____

C. Al Bellagio. Completa la seguente lettera scegliendo dalle parole qui date.

avversario	cartella	mano	punteggio
banditore	caselle	passatempo	segnalini
carta	estrarre	premi	tombola

Carissimo Riccardo,

ti scrivo dal Bellagio a Las Vegas, dove mi sembra di essere proprio in Italia. Stiamo trascorrendo le vacanze qui e abbiamo trovato il nostro _____[1] preferito. Appena siamo entrati in albergo, abbiamo visto una partita di _____[2], proprio quella romana. C'era il _____[3] che estraeva i numeri e li chiamava in italiano. Ogni _____[4] aveva le _____[5] con il numero, un disegno e le parole scritte in dialetto. Era anche carino perché i _____[6] erano fatti di pasta nella forma di farfalline. I _____[7] poi erano molto più divertenti dei soliti prosciutti che vinciamo a Roma. Qui, ti danno soldi!

Un abbraccio,

Silvia

D. Definizioni. Abbina la definizione alla parola.

1. _____ svago
2. _____ avversario
3. _____ scacchi
4. _____ mazziere
5. _____ scartare
6. _____ punteggio
7. _____ estrazione
8. _____ mazzo

a. insieme delle carte da gioco
b. numero di punti
c. divertimento
d. l'atto di pescare un numero
e. chi sta dall'altra parte
f. antichissimo gioco
g. chi distribuisce le carte
h. mettere sul tavolo una carta che si ha in mano

Copyright © Houghton Mifflin Company. All rights reserved.

Nome _____ Corso _____ Data _____

E. Mini-conversazioni. Completa le seguenti mini-conversazioni usando la parola corretta.

banditore	conto	ho scommesso	mazzo di carte
carte	fante	lotto	partita
cartomante	giocatori	mazziere	scacchi

MINI-CONVERSAZIONE 1

MADRE: Non buttare più via soldi dalla _____ 1.

FIGLIA: Non li butto via. È veramente brava. Riesce sempre a dirmi cose che poi succedono.

MADRE: Certo. Sa leggere le _____ 2. Sa inventare il futuro!

FIGLIA: Non lo inventa. Mi ha sempre aiutato con decisioni importanti.

Io _____ 3 su di lei.

MADRE: Basta. Non ne posso più.

MINI-CONVERSAZIONE 2

DARIA: Vieni stasera da Luigi?

OLGA: Perché, cosa fate?

DARIA: Giochiamo a _____ 4.

OLGA: Non so giocare, e poi non amo i giochi da tavola.

DARIA: Ti insegno io. Non tutti i _____ 5 sono bravi. Ci saranno altri novizi

come te.

OLGA: Va bene, ma sono sicura che avrei più possibilità di vincere se giocassi al

_____ 6!

MINI-CONVERSAZIONE 3

EDOARDO: Giochiamo a briscola! Chi fa il _____ 7?

BEPPE: Lo faccio io. C'è un nuovo _____ 8?

EDOARDO: Quasi nuovo. Abbiamo fatto una _____ 9 ieri sera. Purtroppo

_____ 10 cinque euro e li ho persi!

BEPPE: Poteva andar peggio!

Copyright © Houghton Mifflin Company. All rights reserved.

GRAMMATICA & CO.

F. La malora. Trasforma le frasi nella forma passiva.

1. Un uomo di Lequio ha vinto un milione.

   _____

2. Conobbi tutti gli amici del Pavaglione.

   _____

3. Baldino tira fuori il mazzo tutte le sere.

   _____

4. Baldino mischiava tutte le carte.

   _____

5. Tobia consegnò il mazzo a Baldino.

   _____

6. Tobia studiava il gioco.

   _____

7. Noi perdemmo tutti i soldi.

   _____

8. Loro hanno prestato i soldi a Tobia.

   _____

G. Il colore dei soldi. Forma delle frasi complete con gli elementi dati e i verbi forniti alla forma passiva.

1. lo scorso Natale / la mia famiglia / giocare a tombola / per tre ore

   _____

2. fra dieci anni / nei casinò / proibire / il gioco d'azzardo

   _____

3. da bambini / io e i miei fratelli / non rispettare / le regole del gioco

   _____

4. penso che / le autorità / non accettare / le scommesse illegali

   _____

Copyright © Houghton Mifflin Company. All rights reserved.

5. nella prossima partita / i giocatori / non lasciare fare / nessuna scopa

_____

_____

6. bisognerebbe che / loro / imparare / prima della partita / il significato dei segni

_____

_____

7. oggi / distribuire / il primo premio / a meno che / i ladri / non rubare / i soldi

_____

_____

8. raramente / i clienti / capire / la tecnica della chiromante

_____

_____

H. Le regole del gioco. Trasforma le seguenti frasi dalla forma passiva a quella attiva.

1. I giudici non volevano che i giocatori fossero disturbati dal pubblico.

_____

_____

2. Bisognerebbe che i premi non fossero visti dai bambini prima dell'estrazione finale.

_____

_____

3. La partita sarebbe stata vinta da Tullio solo se le regole fossero state cambiate dall'arbitro.

_____

_____

4. La schedina è stata giocata da quegli italiani in compagnia degli amici.

_____

_____

5. Dai bari (*cheaters*) furono adottate delle tecniche che non poterono essere scoperte dagli arbitri.

_____

_____

6. Regole così severe non verrebbero applicate dai giudici di gara se non fosse già stato trovato il sistema per superare le vecchie.

_____

_____

Copyright © Houghton Mifflin Company. All rights reserved.

I. Uno, due, tre... stella! Trasforma le frasi dalla forma attiva alla forma passiva usando il *si passivante*.

ESEMPIO: Avevano stabilito le stesse regole per adulti e bambini.
Si erano stabilite le stesse regole per adulti e bambini.

1. Avreste potuto dare le carte in senso antiorario?

   _____

2. Gli italiani spendono 1.000 euro all'anno per il Totocalcio.

   _____

3. Nel '97 i giovani compravano un nuovo videogioco all'anno.

   _____

4. Se avessimo vinto la gara, avremmo guadagnato parecchi soldi.

   _____

5. Avevamo fatto terno sulla ruota di Milano ma non abbiamo controllato le estrazioni.

   _____

   _____

6. Lo Stato tassa le vincite alla lotteria a meno che non abbiate investito tutto il denaro prima di dicembre.

   _____

   _____

7. Tutti seguirono le estrazioni del Lotto.

   _____

8. Hanno riconosciuto il campione di poker dal cappello che portava.

   _____

Copyright © Houghton Mifflin Company. All rights reserved.

Nome _____ Corso _____ Data _____

J. Che cosa si fa? Guarda la vignetta e in base alle immagini scrivi che cosa fanno queste persone usando il *si impersonale*.

1. _____

2. _____

3. _____

4. _____

5. _____

6. _____

K. Non ce la si fa. Svolgi le seguenti frasi usando il *si impersonale* o *passivante* e i pronomi.

1. Possiamo scartare una carta solo quando vediamo il nostro compagno in difficoltà.

_____

2. Tutti credono ai portafortuna quando le cose vanno bene.

_____

3. Molti si sono divertiti al bar e tutti hanno vinto un premio.

_____

4. Non potete fare i segni a meno che non lo diciate al mazziere.

_____

Copyright © Houghton Mifflin Company. All rights reserved.

5. Organizzano la festa e distribuiscono molti volantini!

_____

6. Se aggiungessero un giocatore, non potrebbero parlare a lui.

_____

7. Dobbiamo dire all'arbitro il nostro segreto.

_____

8. Potete vincere una partita ma non potete parlarne a nessuno.

_____

L. Si fa ma non si dice. Rispondi alle domande usando il _si impersonale_ o _passivante_ e gli elementi forniti.

> **ESEMPIO:** Dove avete giocato a tombola? (al circolo)
> **Si è giocato a tombola al circolo.**

1. Quando vi siete messi la vostra maglietta fortunata? (per le partite importanti)

_____

2. Perché usavate i tarocchi? (per leggere il futuro)

_____

3. A che ora lo incontrerai per giocare la schedina? (stasera alle 9,00)

_____

4. Fino a quando puoi giocare al Lotto? (mercoledì alle 20,00)

_____

5. Come giocate a sbarazzino? (con un mazzo di carte da briscola)

_____

6. A chi manderete i biglietti della lotteria Italia? (al fratello di Pietro)

_____

7. Quanti punti avevate fatto con i dadi? (sette)

_____

8. Da chi andaste per conoscere il vostro futuro? (dalla chiromante)

_____

Copyright © Houghton Mifflin Company. All rights reserved.

Nome _____ Corso _____ Data _____

M. Come si gioca? Quale gioco o passatempo si faceva spesso quando eri bambino/a? Qual è il tuo preferito? Scrivi un breve paragrafo dove spieghi le regole del gioco usando il *si impersonale* o il *si passivante*.

_____

_____

_____

_____

_____

_____

_____

_____

_____

_____

Copyright © Houghton Mifflin Company. All rights reserved.

Copyright © Houghton Mifflin Company. All rights reserved.

Nome _____ Corso _____ Data _____

C A P I T O L O **11**

Da Tex a Fellini?

LESSICO.EDU

A. Al cinema. Leggi le descrizioni dei film e poi decidi il genere del film e scrivi la risposta.

film d'animazione	film dell'orrore	film giallo	film romantico
film d'avventura	film di fantascienza	film poliziesco	film storico

1. Dopo il divorzio, tutto è cambiato. L'indifferenza dei rapporti familiari, l'amore soffocato, non esistevano più quando Carla ha ritrovato il suo ex-fidanzato e la passione si è riaccesa nei loro futuri incontri.

   _____

2. Il terzo film della serie di *Pokemon* è altrettanto superficiale come quelli precedenti: ripetitivo sia nella musica sia nei personaggi.

   _____

3. Il sonnambulismo di suo marito ha creato in lei una paura angosciante. Non era il solo fatto del sonnambulismo ma i luoghi che frequentava e i libri sul demonio che leggeva.

   _____

4. Le scene di questo film offrono una sorpresa dopo l'altra perché i personaggi sono alieni che invadono tutto il mondo in modi diversi a seconda del paese in cui arrivano.

   _____

5. Una studentessa di medicina è coinvolta in un'orrenda vicenda di mafia.

   _____

6. Con l'enorme potere che ha acquistato con il lavoro, si è trovata a contatto con la gente più potente del mondo. Quando però scompare il suo amante, e l'FBI la interroga, tutto cambia. Scopre che l'amante era sposato ed ora lei è considerata un possibile sospetto.

   _____

7. Luke Skywalker è sullo schermo per il sesto episodio, *Il ritorno dello Jedi*.

   _____

8. Le tragedie di quella guerra finiscono solo con l'invasione del loro esercito.

   _____

103

B. Un film per te. Segna le sei qualità più importanti per te quando vai al cinema.

❏ Il film straniero è doppiato.

❏ Ci sono effetti speciali.

❏ La colonna sonora è bella.

❏ È stato girato in Europa.

❏ Il copione è intelligente.

❏ Lo schermo è tridimensionale (*3-D*).

❏ Il tuo attore preferito interpreta la parte principale.

❏ I costumi sono all'antica.

❏ Non ci sono scene di nudo.

❏ Non devi fare la fila.

❏ È un documentario.

❏ È un lungometraggio.

❏ Ci sono sottotitoli.

❏ Il regista è famoso.

❏ C'è un'attrice italiana.

❏ C'è una biglietteria automatica.

❏ È un film in bianco e nero.

❏ È un film a colori.

❏ Hai visto l'anteprima.

C. Descrivilo! Adesso descrivi un film che hai visto che aveva queste sei qualità.

_____

_____

_____

_____

_____

_____

_____

_____

_____

Copyright © Houghton Mifflin Company. All rights reserved.

D. Con quale frequenza?   Segna la frequenza con cui fai le seguenti cose.

mai = **M**   qualche volta = **QV**   spesso = **S**

1. _____ Leggi i fumetti sul giornale.

2. _____ Guardi un film dell'orrore.

3. _____ Prendi a noleggio un film in videoteca.

4. _____ Scrivi una lettera all'editore.

5. _____ Compri un libro o dei fumetti per una raccolta.

6. _____ Chiudi gli occhi durante scene violente.

7. _____ Guardi un film più di una volta.

8. _____ Arrivi al cinema dopo l'anteprima.

E. Mini-conversazioni.   Completa le seguenti conversazioni con la parola corretta.

attore	doppiano	ha interpretato
biglietteria	episodio	romantica
colonna sonora	fila	scena
commedia romantica	girato	sottotitoli

MINI-CONVERSAZIONE 1

EDOARDO: Hai visto l'ultimo _____[1] di *Guerre stellari*?

LUIGI: No. Ho fatto la _____[2] per due ore e quando sono arrivato alla

_____[3] i biglietti erano finiti.

EDOARDO: Peccato. Il tuo _____[4] preferito _____[5] la parte

principale.

LUIGI: Davvero. Allora, ci dovrò tornare ma questa volta prenoto il biglietto prima.

MINI-CONVERSAZIONE 2

ANNA: Mi vuoi accompagnare a vedere *Pane e tulipani*?

MARIA: No, grazie. Non mi piace leggere i _____[6].

ANNA: Dai! Non essere pigra! È una bellissima _____[7]. Ne vale la pena.

MARIA: Non capisco perché non _____[8] i film. Mi dà fastidio leggere.

ANNA: Va bene, ma perderai un bel film. È stato _____[9] in Italia e sai quanto mi

manca l'Italia! Ciao, il film comincia fra mezz'ora!

Copyright © Houghton Mifflin Company. All rights reserved.

GRAMMATICA & CO.

F. Perché lo dice?   Analizza le affermazioni riportate e prova a indovinare il motivo per cui sono state fatte.

ESEMPIO: Il regista ha affermato che nessuno avrebbe capito il film.
Il film non è stato doppiato.

1. I produttori dissero che avrebbero aumentato i finanziamenti per i film d'animazione.

   _____

   _____

2. I professori hanno detto che se gli studenti avessero continuato a leggere fumetti, non avrebbero passato l'esame.

   _____

   _____

3. Quell'attrice italiana giurò di non avere mai pensato di trasferirsi a Hollywood.

   _____

   _____

4. Federico Fellini domandò quando avrebbe vinto un Oscar.

   _____

   _____

5. Sophia Loren disse che per diventare attrice non è necessario andare a scuola di recitazione.

   _____

   _____

6. Tex Willer ha urlato di alzare le mani e di mettere le pistole sul pavimento.

   _____

   _____

7. Isabella ha suggerito che i suoi amici andassero a vedere quel film.

   _____

   _____

8. Charlie Chaplin diceva sempre che la mimica è la caratteristica più importante di un attore.

   _____

   _____

Copyright © Houghton Mifflin Company. All rights reserved.

G. Lo squalo. Nella tabella sono presenti delle frasi al discorso diretto e la loro trasformazione in discorso indiretto. Le frasi al discorso indiretto non sono complete. Inserisci le parti mancanti.

1.	Carla ha detto: «Quando vado al cinema, raramente mi diverto e spesso devo fare la coda per comprare i biglietti.»	Carla ha detto che quando _____ al cinema, raramente si _____ e spesso _____ fare la coda per comprare i biglietti.
2.	Il regista chiese: «Che cosa vogliono tutte queste giovani attrici che non hanno nemmeno letto il copione?»	Il regista chiese che cosa _____ tutte _____ giovani attrici che non _____ nemmeno letto il copione.
3.	Il doppiatore ha dichiarato: «Se avessi la voce di Robert De Niro, non doppierei Paperino.»	Il doppiatore ha dichiarato che se _____ la voce di Robert De Niro, non _____ Paperino.
4.	La madre ha urlato: «Mia figlia non farà mai l'attrice, a meno che non mi prometta di finire l'università.»	La madre ha urlato che _____ figlia non _____ mai l'attrice, a meno che non le avesse promesso di finire l'università.
5.	Il giovane ha detto: «Poco fa ho comprato l'ultimo numero di *Dylan Dog*. Questo è proprio il mio fumetto preferito.»	Il giovane ha detto che _____ aveva comprato l'ultimo numero di *Dylan Dog* e che _____ era proprio il _____ fumetto preferito.
6.	Il critico teatrale ha ammesso: «Penso che la cinematografia abbia già superato il teatro, almeno se si considerano gli incassi.»	Il critico teatrale ha ammesso di _____ che la cinematografia avesse già superato il teatro, almeno se si _____ gli incassi.

Copyright © Houghton Mifflin Company. All rights reserved.

H. Top ten. Svolgi le seguenti frasi dal discorso indiretto al discorso diretto.

1. Gli studenti del corso di dizione hanno domandato all'attore se poteva ripetere l'ultima scena.

   _____

   _____

2. Mia nonna dice di pensare che nei film moderni ci siano troppe parolacce e violenza e che i bambini non debbano vederli senza la supervisione di un adulto.

   _____

   _____

3. I ragazzi mi chiesero se avevo mai visto un film di fantascienza.

   _____

   _____

4. Io ho ribattuto che se ne avessi visto uno, me ne sarei ricordato.

   _____

   _____

5. Suo fratello lo ha pregato di dirgli com'era finita l'ultima puntata del suo telefilm preferito.

   _____

   _____

6. Lui ha risposto che non lo sapeva perché a quell'ora stava studiando e non aveva guardato la TV.

   _____

   _____

7. Antonella disse che le piacevano i fumetti ma che preferiva leggere un buon libro.

   _____

   _____

8. I giornalisti diranno che quell'attore non merita di vincere l'Oscar perché non sa recitare.

   _____

   _____

I. Dal libro al fumetto. Leggi il dialogo e riscrivilo su un foglio a parte, trasformandolo in discorso indiretto introdotto da un verbo al presente.

EMILIO: Sei sempre in libreria. Stai controllando se uno dei tuoi libri è già entrato nelle classifiche dei più venduti?

NADIA: Ti sbagli. Forse non lo sai, ma ho deciso di abbandonare la carriera di scrittrice. È difficile trovare un editore disposto a pubblicarti e poi il guadagno non ripaga certo il lavoro continuo di revisione e di ricerca!

Copyright © Houghton Mifflin Company. All rights reserved.

EMILIO: Mi sembra impossibile. Adesso che progetti hai?

NADIA: Non ho proprio abbandonato del tutto: mi occupo di un altro genere. C'è un progetto molto interessante a cui sto lavorando e che spero che mi darà molte soddisfazioni.

EMILIO: Sono proprio curioso. Sei forse diventata un critico letterario?

NADIA: No, quello non lo farei mai! Sto curando un'edizione a fumetti di classici della letteratura. Io mi occupo dei testi, ed il libro sarà accompagnato anche da un CD-ROM che permetterà ai lettori di modificare la storia intervenendo direttamente sul testo.

EMILIO: È un'idea geniale. Considerando l'interesse dei giovani per i fumetti, il successo sarà assicurato.

J. Un film che piace. Come sopra, trasforma il dialogo in discorso indiretto utilizzando però il verbo introduttivo al passato.

STEFANO: A dire la verità, anche se non ci avrei creduto, mi è piaciuto quel film molto più di quanto pensassi.

LUCIA: Era un film divertentissimo; sono proprio contenta che tu abbia deciso di accompagnarmi.

STEFANO: Di solito i film comici non mi fanno ridere ma in questo caso è stato il contrario.

LUCIA: La mia unica delusione è stata la recitazione della protagonista. Mi aspettavo molto di più, ma non si può essere sempre perfette!

STEFANO: È vero. Invece, la colonna sonora mi ha incantato e la comprerò appena esce.

LUCIA: Hai ragione. Poi ho visto su un manifesto al cinema che il nuovo episodio di *Alien* uscirà entro un mese per cui abbiamo un altro appuntamento!

STEFANO: Non lo dimenticherò!

K. Luci della ribalta (*Limelight*). Hai fatto un colloquio all'accademia d'arte drammatica. Spiega come si è svolto, formulando le domande che ti sono state fatte usando il discorso diretto. Segui i suggerimenti dati..

ESEMPIO: Il direttore mi ha ordinato di recitare una poesia.
Il direttore ha ordinato: «Reciti una poesia!»

1. Il coreografo mi ha domandato se avevo mai seguito lezioni di danza classica.

_____

2. Gli ho risposto che non ne avevo mai seguite ma che sapevo ballare musiche jazz e moderne.

_____

_____

3. Lui ha ribattuto che per entrare all'accademia avrei dovuto studiare dizione e recitazione.

_____

_____

Copyright © Houghton Mifflin Company. All rights reserved.

4. Io ho detto di aver fatto un corso per doppiatori e di aver partecipato ad alcune pubblicità televisive.

_____

5. Allora ha aggiunto che, se avessi voluto, poco dopo ci sarebbe stato un provino con il regista.

_____

6. Io ho risposto che mi sarebbe piaciuto molto e che non vedevo l'ora di cominciare.

_____

7. Mi ha consigliato di andare a provare i costumi di scena e di prendere appuntamento con il truccatore.

_____

8. Io ho esclamato che quello era il più bel giorno della mia vita e che non si sarebbe pentito di avermi aiutato.

_____

L. Cinema, che passione! Federico ama moltissimo il cinema e con una bugia trova il modo di andarci anche quando il suo dovere di studente non glielo permetterebbe. Riscrivi cosa ha pensato Federico utilizzando il discorso indiretto.

Copyright © Houghton Mifflin Company. All rights reserved.

Nome _____ Corso _____ Data _____

1. _____

_____

2. _____

_____

3. _____

_____

4. _____

_____

M. Il film del mese. Sei andato/a a vedere un film che ti ha molto colpito. Descrivine breve-
mente le caratteristiche (trama, attori, regista, le emozioni che hai provato, ecc.) e cita almeno una
frase che ha catturato la tua attenzione utilizzando il discorso indiretto.

_____

_____

_____

_____

_____

_____

_____

_____

_____

_____

_____

Copyright © Houghton Mifflin Company. All rights reserved.

CAPITOLO 12
Italiani si diventa?

LESSICO.EDU

A. Cerca l'intrusa. Le parole inserite nelle categorie non sono tutte pertinenti. Individua la parola o le parole che non c'entrano e spostale nella categoria appropriata. Poi crea una categoria nuova per le parole che non c'entravano.

l'ufficio postale	la stazione	l'ospedale	l'appartamento
l'acconto	il vaglia	il ricovero	il supplemento rapido
il permesso di soggiorno	la prenotazione	la pastiglia	il destinatario
il francobollo	l'extracomunitario	l'ambasciata	la bolletta
l'allacciamento del telefono	la vaccinazione	l'inquilino	il visto
il mittente	la biglietteria	la diagnosi	lo sportello

1. l'ufficio postale: _____

2. la stazione: _____

3. l'ospedale: _____

4. l'appartamento: _____

5. _____ : _____

B. Definizioni. Completa la definizione con la parola corretta.

1. _____ : la persona che manda la lettera

2. _____ : i soldi anticipati per l'acquisto o l'affitto di una casa

3. _____ : arriva ogni mese per la luce, il telefono e il gas

Copyright © Houghton Mifflin Company. All rights reserved.

4. _____ : è necessario per uno straniero per lavorare

5. _____ : l'impiegato che consegna la posta

6. _____ : una persona che vive in un paese illegalmente

7. _____ : è obbligatoria per comprare certe medicine in farmacia

8. _____ : ciò che si deve fare per rendere legale un contratto

C. Dal medico. Completa il seguente brano con la parola corretta.

cura	medicina	ricetta
iniezione	pastiglie	sdraiarsi
mal di testa		

Da una settimana mia sorella ha _____[1]. Ha preso molte _____[2]

ma ancora ne soffre. Oggi ha deciso finalmente di andare dal medico per trovare una

_____[3]. Purtroppo, il medico non ha trovato la causa. Le ha dato una

_____[4] per un'altra _____[5] e le ha consigliato di tornare a casa

e di _____[6]. Ha detto che probabilmente soffriva di un'emicrania e che se

quella nuova medicina non avesse funzionato, avrebbe fatto bene a tornare da lui e le avrebbe

fatto un' _____[7]. Altrimenti, c'era poco da fare.

D. Famiglie di parole. Guarda la lista e trova tutte le parole possibili per completare le seguenti famiglie di parole. Per alcune parole, non ci sarà tutta la famiglia. Qualche volta però ci può essere più di una forma nominale.

infinito	aggettivo	nome
1. immigrare		
2. permettère		
3. allacciare		
4. firmare		
5. impiegare		
6. affittare		
7. prenotare		

Copyright © Houghton Mifflin Company. All rights reserved.

E. Mini-conversazioni. Completa le seguenti mini-conversazioni usando la parola corretta.

aerea	bilocale	francobollo	pacco
affitto	cartolina	gas	questore
allacciamento	compilare	luce	soggiorno
ambasciata	curriculum vitae	modulo	stage

MINI-CONVERSAZIONE 1

FIGLIO: Spero proprio di poter fare lo _____ [1] all'_____ [2]

quest'estate.

PADRE: Cosa ti hanno detto quando gli hai portato il _____ [3]?

FIGLIO: Mi hanno detto di _____ [4] il _____ [5] e che mi avrebbero

chiamato fra qualche giorno.

PADRE: Mi sembra molto positivo. Speriamo bene!

MINI-CONVERSAZIONE 2

IMPIEGATO: Buon giorno. Mi dica!

LUCA: Buon giorno. Avrei bisogno di spedire questo _____ [6].

IMPIEGATO: Via posta _____ [7]?

LUCA: Sì, vorrei che arrivasse presto. Ho quasi dimenticato. Quanto costa spedire questa

_____ [8] negli Stati Uniti?

IMPIEGATO: Basta mettere un _____ [9] da 77 centesimi.

LUCA: Perfetto, grazie.

MINI-CONVERSAZIONE 3

Drin... Drin...

PADRONE: Pronto.

RAGAZZO: Vorrei sapere quanto è l'_____ [10] per quel _____ [11] in

Via Fratelli Rossi che è sul giornale.

PADRONE: È 2.000 euro al mese.

RAGAZZO: Sono compresi la _____ [12] e il _____ [13]?

PADRONE: Sì, ma non il riscaldamento.

RAGAZZO: D'accordo. E c'è già un telefono o bisogna fare l'_____ [14]?

PADRONE: Già fatto, basta avvertire la compagnia telefonica.

Copyright © Houghton Mifflin Company. All rights reserved.

GRAMMATICA & CO.

F. Tentar non nuoce. Trasforma le seguenti frasi usando l'infinito presente. Fa' attenzione alle preposizioni.

> **ESEMPIO:** L'affermazione che nessuno avrebbe capito fece innervosire il questore.
> **Affermare che nessuno avrebbe capito fece innervosire il questore.**

1. Il lavoro è un diritto sancito dalla Costituzione.

_____

_____

2. La compilazione dei permessi di soggiorno richiede almeno due ore.

_____

_____

3. La lettura del contratto d'affitto garantisce migliori rapporti tra inquilino e padrone di casa.

_____

_____

4. Il ricongiungimento (*reuniting*) delle famiglie degli immigrati consente una migliore integrazione sociale.

_____

_____

5. La spedizione per posta ordinaria non sempre permette di ottenere i documenti in tempo utile.

_____

_____

6. Il pagamento delle bollette all'ufficio postale comporta il rischio di code inutili.

_____

_____

7. L'emissione di nuovi francobolli è di competenza del Ministero delle Poste e Telecomunicazioni.

_____

_____

8. Secondo alcuni, la proibizione del fumo negli uffici pubblici è una stupida idea.

_____

_____

Copyright © Houghton Mifflin Company. All rights reserved.

I. Sbagliando s'impara. Trasforma le frasi in modo appropriato usando il gerundio.

ESEMPIO: Con gli insulti non ottieni nulla.
Insultando non ottieni nulla.

1. Se affitti un appartamento per tre anni, puoi rinnovare il contratto più facilmente.

   _____

   _____

2. Con il lavoro si guadagna uno stipendio.

   _____

3. Se tu sposassi un cittadino italiano, otterresti la cittadinanza?

   _____

4. Mentre aspettavo il mio turno, ho letto tre capitoli del libro.

   _____

5. È vero che si sono incontrati mentre cercavano un lavoro?

   _____

6. È stato difficile ottenere un permesso dato che non sapevo dove era l'ufficio stranieri.

   _____

   _____

7. Si ti eserciterai imparerai a cavartela.

   _____

8. Aspettò il treno successivo perché il primo era in ritardo.

   _____

J. Perché? Analizza le affermazioni riportate e prova a indovinare il motivo per cui sono state fatte. Usa il gerundio passato per spiegare le tue opinioni.

ESEMPIO: Il sindacato degli inquilini ha concluso la riunione in anticipo.
Avendo già analizzato tutti i punti all'ordine del giorno, il sindacato degli inquilini ha concluso la riunione in anticipo.

1. I padroni di casa hanno organizzato un sindacato che li protegga.

   _____

   _____

Copyright © Houghton Mifflin Company. All rights reserved.

2. Ho imparato a bere il caffè al banco e a non lasciare la mancia.

_____

_____

3. Questa volta avete spedito un pacco con raccomandata assicurata.

_____

_____

4. Lo sciopero degli autobus non vi ha colto di sorpresa.

_____

_____

5. L'agenzia di collocamento non accetta permessi di soggiorno scaduti.

_____

_____

6. Non è più necessario lasciare una caparra al padrone di casa.

_____

_____

7. Pietro dice di non sapere dove sia il contatore del gas.

_____

_____

8. I pazienti sono tornati a casa e adesso stanno bene.

_____

_____

K. Impressionante! Completa usando il participio presente dei verbi forniti secondo il senso delle frasi.

aiutare	cantare	governare	militare
assistere	coprire	mandare	passare

1. Prima di diventare famoso, Michelangelo faceva l'_____ nella bottega del Ghirlandaio?

2. Quel giovane è impegnato nella politica italiana, è un _____ che partecipa a tutte le manifestazioni.

3. Ora che sono un professore famoso, ho un _____ che insegna al mio posto le classi più elementari.

Copyright © Houghton Mifflin Company. All rights reserved.

4. Ci sono macchie su questo muro. Abbiamo bisogno di una vernice _____ per eliminarle prima di traslocare.

5. Vorrebbe lavorare nel mondo dello spettacolo o come attore o come _____ .

6. Quella signora ha una _____ che l'aiuta con le faccende domestiche e con i bambini.

7. Hanno arrestato chi ha commesso l'omicidio, ma non chi l'ha ordinato, la persona che in Italia si chiama _____ .

8. Il _____ è una persona che cammina per strada.

L. Emigrare. Inserisci i participi passati dei verbi nella seguente lettera di Danuta. Attenzione all'accordo!

Cara Marzia,

oggi mi sono _____[1] (recarsi) al Consolato Italiano a Bucarest per ottenere il

permesso di lavoro temporaneo. Purtroppo la mia domanda non è _____[2] (arrivare)

in tempo e quindi dovrò aspettare il mese prossimo per poter venire a Roma. Nonostante abbia

_____[3] (ottenere) il permesso di ricongiungermi alla mia famiglia, preferisco

aspettare ed avere la possibilità di lavorare immediatamente. Dopo aver _____[4]

(spendere) tanti soldi per l'avvocato e essere _____[5] (essere) in molte agenzie di col-

locamento, ho finalmente _____[6] (scoprire) che sono necessarie anche due lettere di

cittadini italiani che garantiscano per me.

Ti ho già _____[7] (spedire) il modulo che dovresti compilare ed ho anche

_____[8] (fare) una fotocopia di tutti i miei documenti. Ti dispiacerebbe farmi questo

favore? La lettera deve arrivare entro il 23 marzo e, se tutto andrà come previsto, per la fine di aprile

sarò in Italia.

Grazie di tutto e a presto.

Danuta

Copyright © Houghton Mifflin Company. All rights reserved.

M. Comunicando. Nel capitolo sono state presentate alcune espressioni idiomatiche. Quale ti ha incuriosito o ti ha divertito di più? C'è un'espressione idiomatica nella tua lingua che ritieni di difficile traduzione? Spiegane il significato e prova a renderla in italiano.

ESEMPIO DI FRASI IDIOMATICHE ITALIANE: sfiorare il cielo con le dita, portare i pantaloni, avere cura di sè, groppo in gola, tentare la carta sentimentale, ecc.

_____

_____

_____

_____

_____

_____

_____

_____

_____

_____

Copyright © Houghton Mifflin Company. All rights reserved.

Laboratory Manual

CAPITOLO 1
Italamerica?

I suoni *ca, co, cu, che, chi, ce, ci*. La consonante c può essere pronunciata in due modi differenti. Quando la lettera c appare prima delle vocali **a, o** ed **u** e prima di un' **h**, si pronuncia come la c di *cat*. Prima di **e** ed **i**, si pronuncia invece come il **ch** di *church*.

A. Il suono della C. Ascolta, ripeti e scrivi le parole che senti.

1. _____   8. _____
2. _____   9. _____
3. _____   10. _____
4. _____   11. _____
5. _____   12. _____
6. _____   13. _____
7. _____   14. _____

B. Ancora il suono della C. Ascolta, ripeti e completa le seguenti frasi con le parole mancanti.

1. Il _____ italiano è molto _____.

2. L'_____ è un segno di _____ o di contaminazione?

3. _____ negozi sono aperti la _____.

4. La _____ usa comunemente messaggi _____.

5. In Italia ci sono più chiese che _____.

6. La _____ è il _____ della casa.

C. Italiano-inglese. Ascolta attentamente le seguenti parole. Per ognuna di loro, scrivi la parola inglese che può essere usata in italiano per sostituirla. Includi quando possibile il corretto articolo definito.

1. _____   5. _____
2. _____   6. _____
3. _____   7. _____
4. _____   8. _____

Copyright © Houghton Mifflin Company. All rights reserved.

D. Cinema, che passione! Due amici discutono di cinema internazionale e italiano. Leggi le affermazioni qui sotto e poi ascolta la conversazione. Durante l'ascolto, segnala se si tratta di affermazioni vere o false.

	vero	falso
1. Comincia il festival di Venezia.	☐	☐
2. È un buon momento per il cinema italiano.	☐	☐
3. Recentemente Teresa non ha visto buoni film.	☐	☐
4. Giovanni preferisce guardare i film al cinema.	☐	☐
5. Paolo Rondella è un regista che presenta lo stereotipo degli italiani.	☐	☐
6. Per Giovanni non c'è niente da salvare nel cinema italiano.	☐	☐

E. L'annuncio pubblicitario. Leggi il seguente annuncio pubblicitario e dopo ascolta alcune affermazioni controllando se sono vere o false o se le informazioni non sono fornite.

Che sogno andare in giro con le ali sotto i piedi!

Sintesi perfetta di tecnologia e azione, la Pluto 180cc è lo scooter del futuro, più sicura e potente delle concorrenti. Affronta la strada con grazia e economia. Il design moderno permette di dominare con stile e potenza ogni situazione. In città, in campagna e per lunghi viaggi la Pluto è un mezzo giovane e veloce.

Con meno di €4.000 potrai iniziare una nuova ed entusiasmante avventura. Prendi una Pluto e andiamo in vacanza!

---

	vero	falso	dato non fornito
1.	☐	☐	☐
2.	☐	☐	☐
3.	☐	☐	☐
4.	☐	☐	☐
5.	☐	☐	☐
6.	☐	☐	☐

Copyright © Houghton Mifflin Company. All rights reserved.

F. La mia nuova famiglia. Ascolta il seguente brano e decidi come completare le affermazioni seguenti, usando il comparativo di uguaglianza (**così... come**), maggioranza (**più... di / più... che**) o minoranza (**meno... di / meno... che**). Prima di scrivere le frasi, ascolta l'intera descrizione e inserisci negli spazi più piccoli i segni di maggioranza (+), minoranza (−) o uguaglianza (=), in base al tipo di comparativo che pensi di usare.

ESEMPIO: __=__ (la mamma / avere / capelli / ricci / strega)
La mamma ha capelli (così) ricci come una strega.

1. _____ (Roberta / essere / alto / Ettore)
   _____

2. _____ (Ettore / fare l'avvocato / papà)
   _____

3. _____ (Giulietta / correre / treno)
   _____

4. _____ (Giulietta / giovane / Sebastiano)
   _____

5. _____ (Sebastiano / essere / alto / Giulietta)
   _____

6. _____ (Tommaso / essere / furbo / volpe)
   _____

7. _____ (Tommaso / avere / coraggio / paura)
   _____

8. _____ (la nonna / essere / giovane / Gina Lollobrigida)
   _____

G. Il migliore di... Ascolta le seguenti frasi e poi riscrivile usando le forme irregolari **maggiore, minore, peggiore, migliore.**

ESEMPIO: Genova è il più grande porto del nord Italia.
Genova è il maggiore porto del nord Italia.

1. _____
2. _____
3. _____
4. _____
5. _____
6. _____

Copyright © Houghton Mifflin Company. All rights reserved.

H. Niente di più vero in Italia. Ascolta e riscrivi le frasi, usando il superlativo assoluto regolare o irregolare, seguendo il modello fornito dall'esempio.

ESEMPIO: I musei italiani sono molto interessanti.
Sono interessantissimi.

1. _____

2. _____

3. _____

4. _____

5. _____

6. _____

7. _____

8. _____

I. Il sogno americano. Ascolta Marco mentre parla degli Stati Uniti e dell'Italia. Poi segnala quali delle seguenti affermazioni sono relative ad un paese e quali all'altro.

	Stati Uniti	Italia
1. Ci sono grandissime città.	☐	☐
2. C'è il cibo migliore.	☐	☐
3. Le macchine sono più grandi.	☐	☐
4. La benzina è carissima.	☐	☐
5. È più facile vedere un concerto di Lou Reed.	☐	☐
6. C'è meno possibilità di vedere opere artistiche.	☐	☐
7. Ci sono i musei più belli.	☐	☐

Copyright © Houghton Mifflin Company. All rights reserved.

C A P I T O L O 3

Terra di vitelloni e casalinghe?

Il suono *gli*. Il suono **gli** è probabilmente una delle pronounce più difficili della lingua italiana. Assomiglia al suono della **lli** nella parola *million*. Per pronunciarla correttamente, è necessario appoggiare la parte anteriore della lingua in posizione piatta contro il palato.

A. Il suono *gli*. Ascolta, ripeti e scrivi le parole che senti.

1. _____   8. _____
2. _____   9. _____
3. _____   10. _____
4. _____   11. _____
5. _____   12. _____
6. _____   13. _____
7. _____   14. _____

B. Ancora il suono *gli*. Ascolta le seguenti parole e scrivile facendo attenzione a quelle che hanno il suono **gli** e a quelle che non l'hanno.

1. _____   6. _____
2. _____   7. _____
3. _____   8. _____
4. _____   9. _____
5. _____   10. _____

C. Quella giusta! Ascolta questi gruppi di parole e scrivi quella giusta per completare le seguenti frasi.

1. Non mi piace _____ i piatti.

2. In amore e in guerra tutto è _____.

3. Lucia e Marco non vanno proprio d'accordo: continuano a _____.

Copyright © Houghton Mifflin Company. All rights reserved.

4. Voglio lavorare in un ufficio: non voglio essere una _____.

5. Lei è bravissima: si prende _____ di tutti quelli che hanno bisogno di aiuto.

6. Perché non mi _____ bene?

D. Una coppia che scoppia (*explodes*).   Leggi le affermazioni qui sotto e poi ascolta il dialogo tra Mirella e Andrea. Verifica se le affermazioni fornite sono vere o false.

	vero	falso
1. Andrea e Mirella sono una coppia felice.	☐	☐
2. Mirella non sa dove sono le scarpe di Andrea.	☐	☐
3. Mirella fa la cameriera.	☐	☐
4. Andrea è disordinato.	☐	☐
5. Mirella crede che Andrea possa migliorare.	☐	☐
6. Mirella lascia Andrea.	☐	☐

E. Progetti di luna di miele.   Ascolta il dialogo tra Monica e Saverio e scrivi nello spazio corretto le parole che sono precedute dalle preposizioni indicate, semplici o articolate.

in	di	su
1. _____	1. _____	1. _____
2. _____	2. _____	2. _____
3. _____	3. _____	

con	a	da
1. _____	1. _____	1. _____
2. _____	2. _____	
	3. _____	

per	tra	fra
1. _____	1. _____	1. _____
2. _____		

Copyright © Houghton Mifflin Company. All rights reserved.

F. Più facile. Ascolta queste frasi e poi semplificale e riscrivile utilizzando una preposizione e, quando necessario, l'articolo al posto delle parole indicate.

    ESEMPIO: Sono partiti nel mese di giugno. (nel mese di) → **Sono partiti in giugno.**

1. (circa) _____

2. (che dobbiamo) _____

3. (insieme al) _____

4. (una delle) _____

5. (a proposito di) _____

6. (quando avevano) _____

G. A domanda, rispondo. Ascolta queste brevi descrizioni e poi rispondi alle domande qui sotto.

1. Da dove viene Michela?

    _____

2. Per dove partono Giorgio e Luciana?

    _____

3. Dove legge le notizie Michele?

    _____

4. Da quanti anni sono sposati?

    _____

5. Da chi non gli piace mangiare?

    _____

6. Con chi viaggia sempre?

    _____

Copyright © Houghton Mifflin Company. All rights reserved.

H. Una scrittrice partigiana. Ascolta la breve biografia di Renata Viganò e poi verifica se le informazioni offerte qui sotto sono vere, false oppure non fornite.

	vero	falso	dato non fornito
1. Renata Viganò ha completato i suoi studi.	☐	☐	☐
2. Pubblica le prime poesie prima dei 15 anni.	☐	☐	☐
3. *Il lume spento* non è una raccolta di poesie.	☐	☐	☐
4. Si sposa durante la Seconda guerra mondiale.	☐	☐	☐
5. *L'Agnese va a morire* parla della Resistenza.	☐	☐	☐
6. Non ha mai scritto per giornali.	☐	☐	☐

I. Una storia disordinata. Leggi le seguenti frasi e poi ascolta quello che Graziella ha fatto ieri mattina. Riordina da **1** a **8** le sue azioni nell'ordine in cui sono avvenute.

a. Ha fatto il bucato. _____

b. Ha preparato la colazione. _____

c. Ha stirato i vestiti del marito. _____

d. È andata a fare la spesa. _____

e. Ha baciato suo marito. _____

f. Ha bevuto un tè con la sua amica Lucia. _____

g. Ha visto un film. _____

h. Si è lavata i capelli. _____

J. Che cosa era già successo? Ascolta il passaggio e scrivi, usando il trapassato, i traguardi (*milestones*) che il giornalista Beppe Ricordi aveva già raggiunto, secondo la sua mamma, negli anni qui indicati.

    ESEMPIO: Nel 1964 _____

        Nel 1964 aveva già detto la prima parola.

1. Nel 1970 _____

2. Nel 1976 _____

3. Nel 1986 _____

4. Nel 1991 _____

5. Nel 1993 _____

6. Nel 2002 _____

Copyright © Houghton Mifflin Company. All rights reserved.

C A P I T O L O 5

Pizza, pasta e cappuccino?

I suoni *ga, go, gu, ghe, ghi, ge, gi.* La consonante g può essere pronunciata in due modi differenti. Quando la lettera g appare prima delle vocali **a, o** ed **u** e prima di un'**h**, si pronuncia come la **g** di *gold*. Prima di **e** ed **i**, si pronuncia invece come la **j** di *jam*.

A. Il suono della *G.* Ascolta, ripeti e scrivi le parole che senti.

1. _____ 8. _____

2. _____ 9. _____

3. _____ 10. _____

4. _____ 11. _____

5. _____ 12. _____

6. _____ 13. _____

7. _____ 14. _____

B. Ancora il suono della G. Ascolta, ripeti e completa le seguenti frasi con le parole mancanti.

1. Non dimenticare di _____ i _____ : sono deliziosi.

2. Se non _____ neanche le uova, è _____ .

3. Ho voglia di un panino con prosciutto, _____ e maionese.

4. In Italia non mettono mai abbastanza _____ nelle bibite.

5. Tu _____ il vino; io compro il _____ .

6. Non riesco a _____ l'acqua _____ .

Copyright © Houghton Mifflin Company. All rights reserved.

141

C. Quale delle tre? Ascolta queste frasi e scegli tra le parole suggerite quella che meglio corrisponde alla situazione.

1. cucina, enoteca, paninoteca

2. essere a dieta, essere pieno, essere vegetariano

3. primo piatto, secondo piatto, contorno

4. vitello, additivi, dolcificante

5. antipasto, aperitivo, salsa

6. spuntino, bollito, spiedino

D. Ad ognuno il suo menu. Ascolta questi tre menu offerti da tre locali, ognuno con la propria specialità. Naturalmente vuoi assaggiare quello che loro preparano meglio: per ogni ristorante ordina almeno tre piatti, scegliendo tra le specialità di ognuno di loro.

Trattoria del grillo
**specialità pasta,
frutta fresca e dolci**

_____

_____

_____

**RISTORANTE
DA ALDO**

specialità risotto e pesce

_____

_____

_____

OSTERIA DA QUINTO

**specialità antipasti
e carne**

_____

_____

_____

Copyright © Houghton Mifflin Company. All rights reserved.

E. Le ricette in TV. Il famoso cuoco Censi, nel suo programma televisivo, presenta ricette facili per chi non è molto bravo in cucina. Ascolta questa nuova ricetta e scrivi le indicazioni per poterla poi preparare.

Nome del piatto	1. _____
Ingredienti	2. _____ 3. _____ due spicchi d'aglio 4. _____ 5. _____ 6. _____ pepe
Preparazione	Tagliare _____ [7]. Metterli _____ [8]. Aggiungere l'aglio _____ [9] e tutti gli altri ingredienti. Lasciare riposare _____ [10] in frigorifero.
Presentazione	Mettere il preparato sul pane _____ [11] e poi servire.

F. I problemi di un giovane chef. Davide ha appena cominciato a lavorare in un ristorante ma non gli riesce bene niente. Leggi le domande qui sotto e poi ascolta la telefonata di Davide alla sua ragazza. Rispondi alle domande usando la particella **ci**.

1. Davide ha lavorato a Pescara?

_____

2. È riuscito a fare la pasta per i tortelli ieri?

_____

3. Perché non può vedere bene quando lavora?

_____

4. Normalmente quanto tempo ci vuole per preparare i dolci?

_____

Copyright © Houghton Mifflin Company. All rights reserved.

5. Perché i camerieri ce l'hanno con lui?

_____

6. Cos'è che Davide non riesce proprio a fare?

_____

G. Una dieta miracolosa? Ascolta le seguenti affermazioni ed in base a quelle rispondi alle domande usando la particella **ne.**

1. Quanti ne avevamo quando ha iniziato la dieta?

_____

2. Quanto pane può mangiare al giorno?

_____

3. Quanta frutta e verdura può mangiare?

_____

4. Quante carote ha mangiato due giorni fa?

_____

5. Ha molte ricette per cucinare le verdure?

_____

6. Quanti chili ha già perso?

_____

H. Le regole ed i fatti di casa Frattini. Ascolta la Signora Frattini spiegare le regole di comportamento di casa sua ad un amico di suo figlio che è con loro in vacanza. Dopo averla ascoltata, rispondi alle domande qui sotto usando i pronomi doppi, **ci** o **ne.**

1. C'è della birra nel frigorifero di casa Frattini?

_____

2. Servono vino ai minori di 21 anni?

_____

3. Parcheggiano sempre la macchina in garage?

_____

Copyright © Houghton Mifflin Company. All rights reserved.

4. Hanno mai avuto problemi in casa?

_____

5. Hanno dato alla Signora Frattini il premio di cuoca dell'anno?

_____

6. Permette a qualcuno di usare brutte parole?

_____

I. Che gusti differenti!   Massimo e Barbara si sono incontrati e si sono innamorati subito. Ora però vogliono conoscersi un po' meglio e parlano dei loro gusti presenti e passati. Ascolta il dialogo e poi inserisci nello schema le preferenze di uno e dell'altra.

	Massimo	Barbara
1. Da bambino gli / le piaceva...		
2. Quello che amavano da bambini ora gli / le piace...		
3. Gli / le è piaciuto il film...		
4. Gli / le piace...		

J. Un po' di depressione!   Ascolta i pensieri di Giorgia e trascrivi qui sotto quelli in cui utilizza **piacere, bastare, mancare, occorrere, succedere, servire** o **restare,** facendo attenzione al cambio di pronome oggetto indiretto.

ESEMPIO: Oggi non mi è piaciuto il caffè in ufficio.
Oggi non le è piaciuto il caffè in ufficio.

1. _____

2. _____

3. _____

4. _____

5. _____

6. _____

Copyright © Houghton Mifflin Company. All rights reserved.

C A P I T O L O **6**

Tarantella, malocchio e...?

Il suono della combinazioni *qu, cu* e *cqu*.   Normalmente con le due lettere **qu** in italiano si riproduce il suono **kw**. Usiamo la **c** invece della **q**, però, con alcune parole, tra cui **cuore**, **cuoio** e **cuocere**. Le lettere **cq** sono usate in luogo di **q** quando il suono **kw** è preceduto dalla lettera **a**. Tra le eccezioni sono le parole **aquario**, **aquila** e **aquilone**.

A. Il suono della combinazioni *qu, cu* e *cqu*.   Ascolta, ripeti e scrivi le parole che senti.

1. _____   8. _____

2. _____   9. _____

3. _____   10. _____

4. _____   11. _____

5. _____   12. _____

6. _____   13. _____

7. _____   14. _____

B. Ancora il suono della combinazioni *qu, cu* e *cqu*.   Scrivi le parole che senti facendo attenzione alle combinazioni **cu, qu,** e **cqu**.

1. _____   6. _____

2. _____   7. _____

3. _____   8. _____

4. _____   9. _____

5. _____   10. _____

Copyright © Houghton Mifflin Company. All rights reserved.

C. Quella giusta! Ascolta questi gruppi di parole e scrivi quella giusta per completare le seguenti frasi.

1. Quando vedo qualcosa che porta sfortuna, io _____.

2. Per Natale io e la mia famiglia mangiamo sempre il _____.

3. Quella _____ mi ha letto il futuro per cinque euro.

4. La cultura _____ ci ha tramandato moltissime favole.

5. Le uova di _____ sono fatte con il cioccolato.

6. A Capodanno in Italia si fanno i _____.

D. Le feste. Ognuno ha le sue feste preferite! Ascolta questi due brevi dialoghi e scopri quali sono le feste più amate da Anna e Roberto. Sotto il nome delle feste, scrivi almeno tre delle parole che ti hanno permesso di scoprire di quale festa parlassero.

la festa di Anna: _____	la festa di Roberto: _____
1. _____	1. _____
2. _____	2. _____
3. _____	3. _____

E. La chiromante. Ascolta l'annuncio di questa chiromante e controlla quali delle frasi scritte qui sotto corrispondono a quello da lei pubblicizzato.

1. Riceve tutte le mattine ☐
2. È specializzata in amore e soldi ☐
3. Pratica magia nera ☐
4. Toglie il malocchio ☐
5. Legge le carte ☐
6. Crea amuleti ☐
7. Prepara filtri d'amore (*love potions*) ☐
8. Organizza sedute spiritiche (*seances*) ☐

F. Le favole. Ascolta le seguenti frasi e scrivi l'infinito dei verbi al passato remoto presenti in esse.

1. _____
2. _____
3. _____
4. _____

5. _____
6. _____
7. _____
8. _____

Copyright © Houghton Mifflin Company. All rights reserved.

G. Un po' di storia italiana?   Un professore di storia parla alla classe di alcuni dei principali avvenimenti italiani di cui si parlerà nel suo corso. Dopo aver letto le frasi qui sotto, ascoltalo e verifica se le informazioni fornite sono vere, false o se il professore non ne parla affatto.

	vero	falso	dato non fornito
1. Garibaldi incontrò il re d'Italia a Teano.	☐	☐	☐
2. All'inizio del ventesimo secolo la fame e la povertà spinsero molti italiani ad emigrare all'estero.	☐	☐	☐
3. Durante la Prima guerra mondiale molte donne cominciarono a lavorare nelle fabbriche.	☐	☐	☐
4. L'Italia non fu tra le nazioni vincitrici della Prima guerra mondiale.	☐	☐	☐
5. Molti scienziati che odiavano il fascismo emigrarono in altri paesi.	☐	☐	☐
6. La caduta di Mussolini accese le speranze di molti italiani.	☐	☐	☐
7. La lotta partigiana contribuì alla liberazione dell'Italia dai nazi-fascisti.	☐	☐	☐
8. La Seconda guerra mondiale terminò il 25 maggio 1945.	☐	☐	☐

H. Prima o dopo?   Ascolta queste frasi e specifica quale delle due azioni avviene prima dell'altra, inserendo i numeri 1 e 2 nelle caselle corrispondenti.

1. ☐ festeggiare   ☐ vincere il Palio
2. ☐ finire il vino   ☐ mangiare il dolce
3. ☐ riconoscerla   ☐ sposare Biancaneve
4. ☐ dire una bugia   ☐ allungarsi il naso
5. ☐ salutare   ☐ partire
6. ☐ lavorare   ☐ tornare a casa

I. Un giornalista distratto.   Ascolta la descrizione di una festa patronale fatta da un cronista televisivo. Paragonala poi al disegno qui sotto, correggendo gli errori del giornalista. Scrivi quello che dice il giornalista e quello che invece è rappresentato nel disegno. Usa, per le tue correzioni, i pronomi indefiniti.

ESEMPIO: GIORNALISTA: Durante la processione tutte le donne portano vestiti neri.
           TU: **Solo alcune portano vestiti neri.**

Copyright © Houghton Mifflin Company. All rights reserved.

	il giornalista	tu
le donne alla processione		
gli uomini alla processione		
i bambini a mezzogiorno		

Copyright © Houghton Mifflin Company. All rights reserved.

Copyright © Houghton Mifflin Company. All rights reserved.

	il giornalista	tu
alle cinque		
la sera gli adulti		
la sera i bambini		

J. Una favola moderna. Ascolta questa favola e poi metti in ordine le azioni scritte qui sotto in base a quello che hai ascoltato, usando i numeri dall'1 all'8.

a. bussare alla porta   _____

b. servire un cliente   _____

c. girarsi   _____

d. abitare in un quartiere poverissimo   <u>**1**</u>

e. fare ritorno a casa   _____

f. chiedere se era libera quella sera   _____

g. accorgersi di avere un anello al dito   _____

h. vedere che il cliente non c'era più   _____

Copyright © Houghton Mifflin Company. All rights reserved.

CAPITOLO 7

Italia on-line?

Il suono delle lettere S e C. Quando seguite dalle vocali **o, a** ed **u** o da una consonante, le lettere **sc** ricalcano le lettere **sk** dell'inglese. Quando seguite dalle vocali **i** ed **e**, invece, la pronuncia è simile all'**shi** e all'**she** dell'inglese.

A. Il suono delle lettere S e C. Ascolta, ripeti e scrivi le parole che senti.

1. _____
2. _____
3. _____
4. _____
5. _____
6. _____
7. _____
8. _____
9. _____
10. _____
11. _____
12. _____
13. _____
14. _____

B. Ancora il suono delle lettere S e C. Ascolta, ripeti e completa le seguenti frasi con le parole mancanti.

1. La _____ e lo _____ sono animali _____ in

   Antartide.

2. Ho _____ il nuovo programma su un _____.

3. Le televisioni a _____ gigante sono molto popolari in Italia.

4. Le _____ _____ migliorano la vita di tutti.

5. Sono _____ dagli _____ successi della mia squadra.

6. _____ non significa usare lo _____!

Copyright © Houghton Mifflin Company. All rights reserved.

C. Quella giusta!
Ascolta questi gruppi di parole e scrivi quella giusta per completare le seguenti frasi.

1. Ho salvato i miei documenti sul _____ .

2. _____ su quell'icona si apre il mio sito Web.

3. I medici, per farsi trovare, usano da moltissimi anni i _____ .

4. Oggi l'_____ è insegnata in moltissime scuole.

5. Le _____ sono un sistema interessante per conoscere nuove persone.

6. La stampante non funziona perché la _____ è vuota.

D. Il mondo dei videogiochi.
Ogni anno, nuovi e più sofisticati giochi elettronici arrivano sia nelle sale giochi sia nelle case degli italiani. Ascolta il dialogo tra Silvia e Piero e scrivi le loro preferenze in fatto di videogiochi.

	Silvia	Piero
1. genere di gioco preferito		
2. gioco preferito ora		
3. gioco preferito da bambino/a		

E. Computer in offerta speciale.
Ascolta quest'annuncio pubblicitario e controlla se le cose promesse in quello sono tra quelle che vedi scritte qui sotto. Inserisci una V nel caso che le frasi qui sotto e l'annuncio corrispondano, una F nel caso che non ci sia corrispondenza.

1. È un'offerta per un computer da tavolo. ☐

2. Costa solamente 700 euro. ☐

3. Inclusa nel prezzo c'è una stampante in bianco e nero. ☐

4. Lo scanner costa 200 euro. ☐

5. L'offerta è valida solamente fino alla fine dell'anno. ☐

6. L'azienda non ha un sito Web. ☐

7. Il loro numero verde è 800-808800. ☐

8. È possibile pagare in contanti. ☐

Copyright © Houghton Mifflin Company. All rights reserved.

F. Una cosa oggi, una domani. Ascolta le seguenti frasi e riscrivile, trasformandole al futuro utilizzando le parole inserite tra parentesi.

> ESEMPIO: Oggi compro un computer. (una stampante)
> **Domani comprerò una stampante.**

1. (la stampante)

_____

2. (ai tuoi amici)

_____

3. (il programma antivirus)

_____

4. (lo scanner)

_____

5. (per comprarlo)

_____

6. (costruire una pagina Web)

_____

G. Mille cose da fare! Laura ha delle cose da fare ma prima ne deve fare altre. Ascolta quello che vuole fare prima e poi completa le seguenti frasi usando il futuro anteriore.

> ESEMPIO: Pulirò la camera non appena _____ . (Prima mando un email a Gino.)
> **Pulirò la camera non appena avrò mandato un email a Gino.**

1. Guarderò la tv quando _____

2. Farò il letto dopo che _____

3. Leggerò i documenti che mi hai mandato non appena _____

_____

4. Andremo a ballare dopo che _____

5. Potrete mandare la vostra immagine non appena _____

_____

6. Passerò da voi dopo che _____

Copyright © Houghton Mifflin Company. All rights reserved.

H. Che maleducato! (*How rude!*)   Questo ragazzo non sa proprio come parlare! Ascolta le sue richieste e riscrivile usando il condizionale per esprimerle in maniera un po' più educata.

> ESEMPIO: Mamma, lasciami comprare quel videogioco!
> **Mamma, mi lasceresti comprare quel videogioco?**

1. _____
2. _____
3. _____
4. _____
5. _____
6. _____

I. Gli errori si pagano.   Guarda le vignette e poi ascolta i problemi che hanno avuto queste persone. Aiutandoti con le immagini, scrivi quello che avrebbero dovuto fare per evitarli.

Copyright © Houghton Mifflin Company. All rights reserved.

1. _____

2. _____

3. _____

4. _____

5. _____

6. _____

J. Relativo... a chi?   Ascolta le seguenti frasi e poi scegli, tra le possibilità offerte, a chi si riferiscono i pronomi relativi usati.

1. ☐ la moglie   ☐ Carlo

2. ☐ si è rotta   ☐ la stampante di Maria

3. ☐ il virus   ☐ Mariella

4. ☐ Emilio   ☐ la sua ragazza

5. ☐ i libri   ☐ Marco

6. ☐ computer   ☐ il videogioco

Copyright © Houghton Mifflin Company. All rights reserved.

Fratelli d'Italia?

CAPITOLO 8

Il suono delle lettere *S* e *Z*. Spesso risulta difficile distinguere i suoni prodotti da queste due lettere. La **s** tra due vocali ha un suono duro che ricorda la **z** come in **riposo**; in tutti gli altri casi, anche quando doppia tra due vocali, il suono è morbido, come in **risposta** o **ripasso**. Anche per la pronuncia della **z**, bisogna fare attenzione: a volte il suono è **dz** come in **zanzara**, altre è **ts** come in **pizza**.

A. Il suono delle lettere *S* e *Z*. Ascolta, ripeti e scrivi le parole che senti.

1. _____
2. _____
3. _____
4. _____
5. _____
6. _____
7. _____

8. _____
9. _____
10. _____
11. _____
12. _____
13. _____
14. _____

B. Ancora il suono delle lettere *S* e *Z*. Ascolta, ripeti e completa le seguenti frasi con le parole mancanti.

1. Le bombolette _____ contribuiscono all'effetto _____ .

2. L'_____ porta alla _____ .

3. In quella _____ d'_____ ci sono molti immigrati

   _____ .

4. Molte _____ di volontari sopravvivono grazie alla

   _____ .

5. Gli _____ _____ i diritti degli animali.

6. Creare _____ per i _____ dovrebbe _____ il primo

   impegno dello _____ .

Copyright © Houghton Mifflin Company. All rights reserved.

C. Quella giusta! Ascolta questi gruppi di parole e scrivi quella giusta per completare le seguenti frasi.

1. È importante _____ nelle associazioni di volontariato.

2. Nelle carceri si lavora con i _____ .

3. Penso che vorrei lavorare in un _____ perché amo gli animali.

4. In Italia bisogna costruire molte strutture per facilitare l'accesso agli edifici ai
   _____ .

5. Voglio _____ un bambino!

6. Il _____ è un impegno che dà molte soddisfazioni.

D. Diversi modi di riciclare. Per proteggere il mondo da noi stessi, possiamo fare piccole cose che ci aiuteranno a non peggiorare una situazione già grave. Dopo aver letto le domande qui sotto, ascolta questo messaggio degli ambientalisti italiani e poi rispondi alle domande.

1. Cosa bisognerebbe riciclare?
   _____

2. Di che colore sono i cassonetti (*receptacles, bins*) per la raccolta del vetro?
   _____

3. E quelli per la raccolta della plastica?
   _____

4. Cosa non dobbiamo usare per non danneggiare la fascia dell'ozono?
   _____

5. Cosa ancora è importante non buttare via con gli altri rifiuti?
   _____

6. Chi proteggiamo, proteggendo il mondo?
   _____

E. Promesse senza promettere nulla. Dopo aver letto le seguenti frasi, ascolta le promesse di quest'uomo politico italiano e controlla se sono tra quelle che vedi scritte qui sotto. Inserisci una V nel caso che le frasi qui sotto e l'annuncio corrispondano, una F nel caso che non ci sia corrispondenza.

1. Si impegnerà soprattutto in campo sociale. ☐
2. Vuole creare nuovi centri d'accoglienza. ☐
3. Le sue iniziative sono soprattutto per i giovani. ☐
4. Vuole aiutare i senzatetto. ☐
5. Pensa solo agli uomini e non agli animali. ☐
6. Vuole che la gente usi meno l'automobile. ☐
7. La benzina costerà di più. ☐
8. Offrirà biciclette gratuite a chi le vorrà usare. ☐

Copyright © Houghton Mifflin Company. All rights reserved.

F. Eh, no! Ascolta le seguenti frasi e riscrivile, trasformandole al congiuntivo secondo il modello offerto dall'esempio.

> ESEMPIO: I politici fanno molto per i senzatetto.
> **Eh, no! Io penso che non facciano molto per i senzatetto.**

1. _____

2. _____

3. _____

4. _____

5. _____

6. _____

G. Come va il mondo. Ascolta questo dialogo tra Maurizio e Lucia e poi inserisci nella tabella quello che ciascuno di loro ritiene probabile, impossibile o difficile, usando sempre la forma corretta del congiuntivo preceduto da **che** o dell'infinito.

	per Lucia	per Maurizio
è probabile		
è impossibile		
è difficile		

H. Pensieri sull'adozione. Ascolta le seguenti frasi e poi trascrivile qui sotto, facendo attenzione a tutti i cambiamenti necessari per ognuna delle situazioni proposte.

> ESEMPIO: I bambini hanno bisogno di molte attenzioni!
> Marco credeva _____
> Lucia e Mariella pensano _____
> **Marco credeva che i bambini avessero bisogno di molte attenzioni.**
> **Lucia e Mariella pensano che i bambini abbiano bisogno di molte attenzioni.**

1. Io credevo _____

   Lui ritiene _____

2. È importante _____

   Noi temevamo _____

3. Sono felici _____

   I loro genitori ritengono _____

4. Vorrei _____

   Mia moglie dubita _____

Copyright © Houghton Mifflin Company. All rights reserved.

5. Avevo paura _____

    Peccato _____

6. Credevano _____

    Mio marito insiste _____

I. I sogni dei ragazzi di oggi. Quattro giovani intervistati rispondono in modo differente a quello che farebbero se potessero avere a disposizione 25.000 euro da donare ad un'associazione di volontariato. Ascolta quello che dicono e inserisci negli spazi corretti gli elementi necessari per completare le frasi.

Con 25.000 euro, Melissa

Con 25.000 euro, Beniamino

Con 25.000 euro, Gino

Con 25.000 euro, Diana

Beniamino   Melissa   Diana   Gino

J. Ipotesi incomplete. Ascolta le affermazioni e poi inseriscile qui sotto per completare ogni frase in maniera logica.

1. Se i politici fossero onesti, _____

2. Se il cane è il migliore amico dell'uomo, _____

3. Se mi offro volontario, _____

4. Se ricicli, _____

5. Se avessero dove dormire, _____

6. Se non smetteremo di inquinare, _____

Copyright © Houghton Mifflin Company. All rights reserved.

Tutti in passerella?

Le consonanti doppie. A volte si hanno problemi a riconoscere se una parola debba essere scritta con una consonante semplice oppure doppia. Fai attenzione alla pronuncia: quando una parola ha bisogno di una consonante doppia, sembra che ci sia una piccola sospensione su di essa. Vedi per esempio **sette** e **sete** per renderti conto della differenza.

A. Le doppie. Ascolta, ripeti e scrivi le parole che senti. Attenzione! Non tutte le parole hanno bisogno di una doppia consonante.

1. _____   8. _____

2. _____   9. _____

3. _____   10. _____

4. _____   11. _____

5. _____   12. _____

6. _____   13. _____

7. _____   14. _____

B. Ancora le doppie. Ascolta le seguenti parole e scrivi quelle che hanno una doppia consonante.

1. _____   4. _____

2. _____   5. _____

3. _____   6. _____

C. Quella giusta! Ascolta questi gruppi di parole e scrivi quella giusta per completare le seguenti frasi.

1. All'opera, quando vado con mia moglie, metto sempre il mio _____ .

2. Le modelle fanno centinaia di _____ all'anno.

3. Mi faccio fare un completo da un _____ famoso.

Copyright © Houghton Mifflin Company. All rights reserved.

4. C'erano i _____ e ho potuto comprare questa giacca di Armani per soli 100 euro.

5. Sono un animalista e non compro vestiti di _____ .

6. Odio la _____ ! Io uso solo le bretelle.

D. Prepararsi per una festa.   Giorgio e Gina devono prepararsi per una festa e lo fanno con molta attenzione. Le loro madri, al telefono, si raccontano tutti i preparativi dei figli prendendoli un po' in giro. Ascoltale e poi indica almeno tre cose che Giorgio e Gina hanno fatto per essere perfetti per questa festa.

Giorgio	Gina
1. _____ _____	**1.** _____ _____
2. _____ _____	**2.** _____ _____
3. _____ _____	**3.** _____ _____

E. La moda autunno-inverno.   Ascolta le interviste a questo stilista e scopri come sarà la moda per la prossima stagione autunno-inverno. Indica con una crocetta (X) le cose che corrispondono a quello che dice l'intervistato tra quelle elencate qui sotto.

1. La moda preferirà colori neutri. ☐

2. Giallo, rosso e colori pastello saranno i colori preferiti. ☐

3. La donna preferirà minigonne e cappotti di velluto. ☐

4. La lana sarà il materiale preferito in questa stagione. ☐

5. Le sciarpe lunghe saranno di moda per uomini e donne. ☐

6. La donna preferirà le cinture alte. ☐

7. Gli stivali tornano di moda. ☐

8. Il mocassino sarà la scarpa dell'uomo alla moda. ☐

Copyright © Houghton Mifflin Company. All rights reserved.

F. Stagioni e vestiti. Ascolta queste differenti situazioni e, in base a quelle, scegli quattro diversi tipi di abbigliamento completi che indosseresti in base al tempo o alla stagione seguendo l'esempio.

Esempio: Piove e devo andare in ufficio.

Se piovesse e dovessi andare in ufficio, metterei un completo, una camicia con cravatta, un impermeabile e gli stivali.

1. _____

_____

2. _____

_____

3. _____

_____

4. _____

_____

G. Roberto: un po' fa, un po' si fa fare. Ascolta la descrizione che Roberto fa della sua giornata lavorativa. Poi inserisci nella corretta casella almeno tre delle cose che fa e tre di quelle che si fa fare e da chi. Utilizza una frase completa e, nel secondo caso, la costruzione **fare** + *infinito*.

quello che lui fa	quello che si fa fare

Copyright © Houghton Mifflin Company. All rights reserved.

H. Me li sono fatti fare. Ascolta le seguenti frasi e poi trascrivile qui sotto, facendo attenzione a tutti i cambiamenti necessari per ognuna delle situazioni proposte seguendo il modello.

ESEMPIO: Ho fatto ricamare la gonna dalla sarta.
Paolo pensa _____.
Paolo pensa che io gliel'abbia fatta ricamare.

1. Loro credevano _____.

2. Lei vorrebbe _____.

3. Noi insistiamo _____.

4. Vorrei _____.

5. Avevo paura _____.

6. Credete _____?

I. Papà severi, mamme liberali. Ascolta questi genitori e scopri cosa permettono e cosa non permettono ai loro figli. Poi descrivi quello che dicono utilizzando il verbo **lasciare** + *infinito*.

1. _____

2. _____

3. _____

4. _____

5. _____

6. _____

J. Uno scontro generazionale. Ascolta la mamma di Piera e Clelia che dice loro quello che non possono fare. Poi scrivi la reazione di Piera, di Clelia o delle due ai divieti della mamma secondo il modello.

ESEMPIO: Piera, non puoi certo metterti quella minigonna: è troppo corta!
Per favore, mamma, lasciamela mettere!

1. _____

2. _____

3. _____

4. _____

5. _____

6. _____

Copyright © Houghton Mifflin Company. All rights reserved.

C A P I T O L O **10**

Fortunato al gioco, sfortunato in amore?

Dittonghi e trittonghi. Quando si trovano due o tre vocali non separate da una o più consonanti all'interno di una stessa parola, si corre il rischio di dimenticarne qualcuna al momento della scrittura. Sarà sufficiente ricordare che ogni singola lettera viene pronunciata e che ascoltando con attenzione sarà impossibile sbagliare.

A. Dittonghi e trittonghi. Ascolta, ripeti e scrivi le parole che senti.

1. _____
2. _____
3. _____
4. _____
5. _____
6. _____
7. _____
8. _____
9. _____
10. _____
11. _____
12. _____
13. _____
14. _____

B. Ancora dittonghi e trittonghi. Ascolta le seguenti parole e fai un cerchio intorno a quelle che sono scritte correttamente. Per le altre, scrivi a fianco di esse la grafia corretta.

1. punteggo _____
2. cuori _____
3. aiola _____
4. idiare _____
5. raggiungere _____
6. antorario _____
7. segnialino _____
8. giusto _____

Copyright © Houghton Mifflin Company. All rights reserved.

C. Quella giusta! Ascolta questi gruppi di parole e scrivi quella giusta per completare le seguenti frasi.

1. Se ho cinque numeri sulla stessa fila, faccio _____.

2. Non vado mai a Las Vegas perché non mi piace giocare _____.

3. Ci sono quaranta carte in un _____ di carte tradizionali.

4. Quando gioco a Trivial, uso sempre il _____ rosso.

5. Non ho sentito l'ultimo numero _____ e ho perso la tombola.

6. Nelle carte da poker ci sono quattro _____.

D. Cronaca di una partita. Paola e Filippo hanno passato la serata giocando a «Trivial» con alterne fortune. Dopo aver letto le domande, ascolta il dialogo e in base a quello rispondi.

1. È la prima volta che Paola vince a «Trivial»?

_____

2. Qual è la sua materia preferita?

_____

3. Secondo Filippo, a quali domande Paola non saprebbe rispondere?

_____

4. Secondo Paola, perché Filippo non vince?

_____

5. Cosa si deve fare per vincere a «Trivial»?

_____

6. A quale domanda di sport ha risposto Paola?

_____

E. Istruzioni per l'uso. Ascolta le istruzioni per giocare a «Sette e mezzo» e poi indica tra le affermazioni qui sotto quali sono vere e quali false.

	vero	falso
1. Si deve usare un mazzo di carte tradizionali.	☐	☐
2. Si può giocare anche in diciotto giocatori.	☐	☐
3. L'asso, il fante e il re valgono mezzo punto.	☐	☐
4. La prima carta che il mazziere dà è coperta.	☐	☐
5. Non si possono dare più di tre carte.	☐	☐

Copyright © Houghton Mifflin Company. All rights reserved.

6. A parità di punteggio vince il mazziere. ☐ ☐

7. Sette e mezzo è il punteggio massimo. ☐ ☐

8. Dopo ogni partita cambia il mazziere. ☐ ☐

F. Giochi diversi. Ascolta le descrizioni di questi giochi e per ognuno di loro scrivi almeno due delle regole o caratteristiche che li contraddistinguono.

Scarabeo	Risiko	Pictionary

G. Da chi? Scrivi le frasi che senti e poi riscrivile utilizzando la forma passiva.

1. _____

_____

2. _____

_____

3. _____

_____

4. _____

_____

5. _____

_____

6. _____

_____

7. _____

_____

8. _____

_____

Copyright © Houghton Mifflin Company. All rights reserved.

H. Opinioni contro. Giancarlo a volte inventa delle regole a suo vantaggio perché vuole sempre vincere. Ascolta quello che dice e poi rispondigli usando **andare** + *participio*. Segui il modello e mantieni il tempo della frase di Giancarlo.

> ESEMPIO: Giochiamo a briscola senza assi. (con gli assi)
> **Eh no, la briscola va giocata con gli assi.**

1. (in due o in quattro) _____

2. (tutte e sei) _____

3. (un numero alla volta) _____

4. (almeno tre volte) _____

5. (di una sola casella) _____

6. (solo un minuto) _____

I. Geografia... confusionaria. Ascolta le frasi e correggi le affermazioni di questo giornalista un po' sbadato, secondo il modello.

> ESEMPIO: Hanno fotografato giraffe ed elefanti in un safari in Europa. (Africa)
> **Ma no! Si sono fotografate in un safari in Africa.**

1. (Francia) _____

2. (Italia) _____

3. (Stati Uniti) _____

4. (Cina) _____

5. (Spagna) _____

6. (Australia) _____

J. Da uno, tutti. Ascolta le seguenti frasi e poi trasformale utilizzando il si *impersonale* o il si *passivante*.

1. _____

2. _____

3. _____

4. _____

5. _____

6. _____

Copyright © Houghton Mifflin Company. All rights reserved.

C A P I T O L O **11**

Da Tex a Fellini?

Accenti. Sapere dove cade l'accento di una parola è quello che ci permette di pronunciarla corret-tamente. Nella maggior parte dei casi, in italiano, l'accento cade sulla penultima sillaba, ma ci sono parole con accento sull'ultima, sulla terzultima ed anche sulla quartultima sillaba.

A. Accenti. Ascolta, ripeti e scrivi le parole che senti. Poi, tra parentesi, inserisci una P se credi che l'accento cada sulla penultima sillaba, una X in tutti gli altri casi.

1. _____ ( )   8. _____ ( )

2. _____ ( )   9. _____ ( )

3. _____ ( )   10. _____ ( )

4. _____ ( )   11. _____ ( )

5. _____ ( )   12. _____ ( )

6. _____ ( )   13. _____ ( )

7. _____ ( )   14. _____ ( )

B. Ancora accenti. Ascolta le seguenti parole e fa' un cerchio intorno a quelle che hanno un accento sulla penultima sillaba.

1. sottotitoli   5. sceneggiatura

2. scena   6. varietà

3. regista   7. azione

4. editore   8. celebrità

C. Quella giusta! Ascolta questi gruppi di parole e scrivi quella giusta per completare le seguenti frasi.

1. Non capisco questo film russo. Ho bisogno dei _____ .

2. Non amo i film _____ , perché non credo agli UFO.

3. Ho comprato questi nuovi film nella _____ in via dei Re.

Copyright © Houghton Mifflin Company. All rights reserved.

4. Questo film uscirà in Italia in settembre, ma io ho avuto i biglietti per

l'_____ che è domani.

5. Ho comprato la _____ sonora di *Jesus Christ Superstar:* ci sono

davvero splendide canzoni!

6. Il numero uno originale di *Dylan Dog* costa 1.000 euro, ma se compri la

_____ te ne bastano solamente 2 e 20.

D. Perché e come la amo! Sandra è una vera appassionata di Legs Weaver e ha deciso di spiegarci le ragioni del suo amore per questo fumetto. Dopo aver letto le domande, ascolta quello che dice e poi rispondi.

1. Perché Sandra è agitata quando si avvicina la fine del mese?

_____

2. Chi è l'editore che pubblica Legs Weaver?

_____

3. A quali altri fumetti molto popolari è stata affiancata Legs?

_____

4. In cosa Legs è diversa dagli altri fumetti qui menzionati?

_____

5. Com'è Legs secondo Sandra?

_____

6. Come si sente Sandra dopo aver letto una delle avventure di Legs?

_____

E. Trame. Ascolta la descrizione di questi tre film e completa la tabella qui sotto con le informazioni richieste.

	Mediterraneo	*Pane e tulipani*	*Radiofreccia*
regista			
ambientazione			
trama			

Copyright © Houghton Mifflin Company. All rights reserved.

F. Non tutte le ciambelle riescono con il buco. Dopo il successo de *La vita è bella*, Benigni ha proposto un film che non è certo stato all'altezza della situazione. Ascolta questa notizia radiofonica e poi indica tra quelle qui sotto quali sono le affermazioni vere e quali quelle false.

	vero	falso
1. *La vita è bella* è uscito nel 2002.	☐	☐
2. Il film *Pinocchio* non ha avuto successo.	☐	☐
3. Il film però ha avuto molti riconoscimenti.	☐	☐
4. Il film ha ricevuto quattro candidature per la «Pernacchia d'oro».	☐	☐
5. La «Pernacchia d'oro» è un premio che nessuno vorrebbe.	☐	☐
6. Viene assegnato alle peggiori produzioni.	☐	☐
7. Benigni è il primo attore famoso a ricevere questo premio.	☐	☐
8. Madonna e Stallone sono quelli con il maggior numero di «Pernacchie d'oro» vinte.	☐	☐

G. Si comincia dalla gavetta. Nicola vuole lavorare con una compagnia teatrale e per entrare in questo mondo difficile ha dovuto cominciare dai lavori meno importanti. Ascolta quello che gli hanno chiesto di fare e quello che gli hanno detto e poi riscrivilo in forma diretta.

1. Il costumista gli ha detto: _____

_____

2. Il truccatore gli ha chiesto: _____

_____

3. La star dello spettacolo gli ha ordinato: _____

_____

4. Lo sceneggiatore gli ha chiesto: _____

_____

5. Il regista gli ha promesso: _____

_____

6. La sua ragazza gli ha detto: _____

_____

Copyright © Houghton Mifflin Company. All rights reserved.

H. Che litigata! (What a fight!) L'attrice e il regista di questo film hanno opinioni molto diverse. Tu hai la possibilità di ascoltare la loro litigata da dietro la porta! Cosa si sono detti? Trasforma tutto dal discorso diretto a quello indiretto completando gli spazi della tabella qui sotto.

l'attrice	il registra
1. Ha urlato che _____ _____ _____	**4.** Ha urlato che _____ _____ _____
2. Ha urlato che _____ _____ _____	**5.** Ha urlato che _____ _____ _____
3. Ha urlato che _____ _____ _____	**6.** Ha urlato che _____ _____ _____

I. Passioni diverse. Scrivi quello che dicono i quattro personaggi e poi trasforma quello che hanno detto nella forma indiretta.

1. Giulia dice _____

_____

Giulia ha detto _____

_____

2. Margherita dice _____

_____

Margherita ha detto _____

_____

3. Beppe dice _____

_____

Beppe ha detto _____

_____

4. Ottavio dice _____

_____

Ottavio ha detto _____

_____

Copyright © Houghton Mifflin Company. All rights reserved.

J. Che cosa ti ha chiesto?   Il produttore di un film ti sta facendo un'intervista telefonica per sapere se sarai tu l'attore del suo nuovo film. I tuoi amici sono intorno a te curiosi di sapere e dopo la telefonata tu devi dire loro quello che ti ha chiesto. Ascolta le seguenti domande e poi riformulale in forma indiretta facendole precedere da "Mi ha chiesto..."

1. _____

_____

2. _____

_____

3. _____

_____

4. _____

_____

5. _____

_____

6. _____

_____

7. _____

_____

8. _____

_____

Copyright © Houghton Mifflin Company. All rights reserved.

CAPITOLO **12**

Italiani si diventa?

Semplicemente... tutto. Cosa succede quando rivediamo i suoni che più spesso ci mettono in difficoltà senza però sapere a quali si debba fare più o meno attenzione?

A. Di tutto un po'. Ascolta, ripeti e scrivi le parole che senti.

1. _____

2. _____

3. _____

4. _____

5. _____

6. _____

7. _____

8. _____

9. _____

10. _____

11. _____

12. _____

13. _____

14. _____

B. E ancora un po'. Ascolta questi gruppi di parole e scrivi quella giusta per completare le seguenti frasi.

1. Ho comprato i biglietti a quello _____ là.

2. Non sono guarito perché il medico aveva sbagliato la _____.

3. Ti hanno mandato i soldi con un _____ postale.

4. Preferisco affittare quel _____ perché ho bisogno di più spazio.

5. Prima di uscire, dovete lasciare una _____. Altrimenti potrei affittare la casa ad altre persone.

6. Alla fine del mese, devo sempre pagare _____, luce, gas e telefono.

Copyright © Houghton Mifflin Company. All rights reserved.

177

C. L'intrusa. Ascolta questi gruppi di parole e segnala quale parola per ogni gruppo c'entra meno con le altre.

1. _____

2. _____

3. _____

4. _____

5. _____

6. _____

D. Maledette poste! Ad Angelo non è davvero andata bene all'ufficio postale. Dopo aver letto le domande, ascolta quello che racconta e poi rispondi.

1. Come si sentiva oggi Angelo e perché?

   _____

2. Cosa sembra impossibile poter trovare alle Poste?

   _____

3. Per quale ragione oggi Angelo è andato alle Poste?

   _____

4. Cosa non sapeva la persona dietro lo sportello?

   _____

5. Che cosa non sapeva Angelo?

   _____

6. Che cosa ha rischiato Angelo per spedire una semplice lettera?

   _____

Copyright © Houghton Mifflin Company. All rights reserved.

E. Il curriculum di Massimo. Ascolta quello che dice di sé Massimo e aiutalo a completare il suo curriculum vitae.

	Curriculum Vitae Massimo Bentivoglio Via Casa Bianca 42 25070 MURA (BS)
Educazione	2000 Laurea presso _____ 1 1995 Diploma di Maturità Scientifica _____ 2 presso il liceo Scientifico «Pastori» di Gravio.
Lavoro	Luglio - settembre 1997 _____ 3 presso la ditta «Stiv», Vestone, Brescia.
Lingue	_____ 4. Tedesco solo commerciale.
Conoscenze informatiche	Office, Word, Java, HTML e _____ 5 di pagine Web.
Hobbies	Leggere libri _____ 6, _____ 7 e fare fotografie in _____ 8.

F. Sciopero! A causa di uno sciopero generale, ci saranno gravi difficoltà per chi vuole viaggiare. Ascolta questa notizia radiofonica e poi indica tra quelle qui sotto quali sono le affermazioni vere e quali quelle false.

	vero	falso
1. Gli scioperi cominceranno domani.	☐	☐
2. Lo sciopero è contro la manovra fiscale del governo.	☐	☐
3. Lunedì ci saranno problemi con treni ed aerei.	☐	☐
4. Non ci saranno problemi per chi vuole muoversi con gli autobus martedì.	☐	☐

Copyright © Houghton Mifflin Company. All rights reserved.

5. Martedì gli autobus sciopereranno solo quattro ore. ☐ ☐

6. Giovedì si potrà solo andare in taxi. ☐ ☐

7. Venerdì non ci sarà sciopero. ☐ ☐

8. In stazione sabato si potranno solamente comprare biglietti per il giorno dopo. ☐ ☐

G. Per trovare un lavoro. È possibile fare molte cose per trovare un lavoro. Scrivi quello che hanno fatto questi ragazzi e ragazze, usando l'infinito passato e dove possibile i pronomi, secondo il modello.

> ESEMPIO: Sono andata a fare il colloquio e poi ho aspettato la risposta.
> **Dopo averlo fatto, l'ha aspettata.**

1. _____

2. _____

3. _____

4. _____

5. _____

6. _____

H. Integrazione a piccoli e difficili passi. Ascolta queste frasi e poi riscrivile usando il participio passato e dove possibile i pronomi, secondo il modello.

> ESEMPIO: Dopo aver visto molte persone che dormivano per strada, è entrato in un'associazione che aiuta i senzatetto.
> **Vistele, ci è entrato.**

1. _____

2. _____

3. _____

4. _____

5. _____

6. _____

Copyright © Houghton Mifflin Company. All rights reserved.

I. Ma no! Correggi la descrizione che senti relativa ai diversi personaggi delle vignette, usando il gerundio passato e dove possibile i pronomi, secondo il modello..

Enrico

Lorenzo

Sonia

Guido

Simonetta

Simona

ESEMPIO: Ha giocato al Lotto e non ha vinto niente.
Ma no! Avendoci giocato, ha vinto un milione.

1. _____

2. _____

3. _____

4. _____

5. _____

Copyright © Houghton Mifflin Company. All rights reserved.

J. Domande e risposte. Rispondi a queste domande a tuo piacere, utilizzando però due volte l'infinito (presente o passato), due volte il participio passato e due volte il gerundio (presente o passato).

ESEMPIO: Vorresti vivere in Italia?

Potendo parlare bene l'italiano, ne sarei felice.
o **Dopo aver studiato l'italiano per due anni, lo farei.**
o **Vista la mia conoscenza dell'italiano, avrei delle difficoltà.**

1. _____

2. _____

3. _____

4. _____

5. _____

6. _____

Copyright © Houghton Mifflin Company. All rights reserved.